schreib.korrekt

Rechtschreibung und Zeichensetzung
mit Grammatik, Ausdruck und Stil

Für den Beruf oder die Berufsausbildung

Herausgegeben von:
Manfred Maier

Autorinnen und Autoren:
René Gyurcsik
Manfred Maier
Ulrich Mezger
Joan Catharine Ritter
Hans R. Spielmann
Ilke Vehling

Ernst Klett Verlag
Stuttgart · Leipzig

Inhaltsverzeichnis

Vorwort

Rechtschreibung

R

Groß- und Kleinschreibung

S-Schreibung

Getrennt- und Zusammenschreibung

Dehnung

Konsonantenverdopplung (auch ck, tz)

Z

St

G

Was Sie zum Üben wissen sollten

Grundsätzliches

Korrektes Schreiben ist wichtig für den Beruf. Damit werden Sie respektiert und zeigen auch gegenüber Ihren Kommunikationspartnern Respekt.

In diesem Heft üben Sie an Wörtern und Wendungen, die in der **Berufswelt** geläufig sind.

Da Rechtschreibung und Zeichensetzung nicht ohne Grammatikkenntnisse möglich sind, wird **Grammatik** in die Übungseinheiten integriert. Zusätzlich können Sie den **Nachschlageteil** mit Beispielen zur Grammatik nutzen (S. 70-72).

Die **Regeln** sind so verständlich formuliert, dass Sie sich diese leicht einprägen können.

Um Ihnen die Lösung der Aufgaben zu erleichtern, finden Sie **Hinweise** in der rechten Randspalte und zahlreiche **Beispiele**.

Jede Aufgabe ist mit einem **Schwierigkeitsgrad** gekennzeichnet: ○ = leicht, ◐ = mittel, ● = schwer.

Mit diesem Heft können Sie auch selbstständig **individuell lernen**. Denn alle Lösungen sind per Online-Code abrufbar (einfach auf der Klett-Homepage www.klett.de ganz oben den Code eingeben, der sich am Ende jedes Kapitels befindet).

Am Ende jedes Rechtschreibthemas steht ein **Abschlusstest**, sodass Sie Ihre Fortschritte überprüfen können. Sie wissen dann auch genau, welche Übungsteile Sie noch einmal wiederholen sollten.

Gesonderte Übungen zu **Stil**, **Ausdruck** sowie Grammatik werden Ihnen helfen, sich schriftlich besser auszudrücken.

Das Heft im Unterricht

Beginnen Sie beim Üben mit dem Kapitel, in dem Sie den größten Übungsbedarf haben. Dies wissen Sie selbst, erkennt die Lehrkraft oder wird durch einen Eingangstest ermittelt.

Es ist ratsam, nicht mehr als zweimal 40 Minuten am Tag zu üben und jeweils im nächsten Übungsblock das Gelernte zu wiederholen. Falls Sie schon gute Kenntnisse haben, können Sie die leichten Aufgaben auslassen, sollten aber alle Regeln und Hinweise zum jeweiligen Kapitel lesen.

Das Heft im Kompaktkurs

Dies ist eine Übungsform, die sehr viel Konzentration und Durchhaltevermögen erfordert, weil Sie relativ viel auf einmal üben müssen und der zeitliche Rahmen begrenzt ist.
Beginnen Sie auch hierbei – wie oben beschrieben – mit dem Kapitel, in dem Sie den größten Übungsbedarf haben. Vergessen Sie nicht das Wiederholen.

Ungeübtes können Sie nach diesem Kurs in aller Ruhe in dem für Ihren Kenntnisstand angemessenen Arbeitsrhythmus fortsetzen.

Das Heft zur Auffrischung der Kenntnisse

Sie haben alles schon einmal gelernt, aber doch vieles vergessen, und wollen wieder fit sein? Dann können Sie das Heft einfach von vorne bis hinten durcharbeiten, denn es ist nach Fehlerhäufigkeit aufgebaut.
Falls Sie selbst wissen, was Sie am ehesten brauchen, beginnen Sie mit dem entsprechenden Kapitel.
Wenn Sie von einer Lehrkraft betreut werden, wird sie Ihnen vorschlagen, was Sie in welchem Rhythmus üben sollten.

Viel Erfolg mit dem vielseitig nutzbaren Heft.

Autoren und Verlag

Groß- und Kleinschreibung

Was wird denn im Deutschen großgeschrieben?

Das sind nur 4 Dinge:
1. Substantive
2. Substantivierungen
3. Namen
4. Satzanfänge

Regel 1:
Substantive werden großgeschrieben.

○ **1** **Bilden Sie aus den folgenden Buchstaben je ein Substantiv, das etwas mit den Sinnen Wahrnehmbares bezeichnet. Schreiben Sie den Begriff in der richtigen Schreibweise auf.**

ermmah – schti – aubscher – freib – bhroer – dahtürrsteb – gemelltasä – ribtieschsch – nimotor – fotelen – brümmoklaer

○ **2** **Schreiben Sie den gesuchten Begriff aus dem Wohnbereich in der richtigen Schreibweise mit dem passenden unbestimmten Artikel auf.**

▢apete, ▢ampe, ▢ohnzimmertür, ▢enster, ▢arkett, ▢inoleumboden, ▢ürklinke, ▢aminat, ▢ardine, ▢affrollo, ▢ofa, ▢ommode

○ **3** **Schreiben Sie den Fachbegriff für die unten abgebildeten Messgeräte in der richtigen Schreibweise mit dem passenden bestimmten Artikel im Singular und in der Pluralform auf.**

Zu 1 bis 3:

Die Wortart des **Substantivs** bezeichnet konkrete und abstrakte Dinge.

Konkrete Dinge (Objekte) sind mit den Sinnen wahrnehmbar.
Man kann sie tasten, schmecken, hören, sehen oder riechen.

Man erkennt Substantive daran, dass sie
– einen **Artikel** haben können (*der, die, das* oder *ein, eine, ein*) und man sie
– **deklinieren** kann (im Singular und Plural verwenden bzw. in die verschiedenen Fälle setzen: Nominativ, Genitiv, Dativ, Akkusativ).

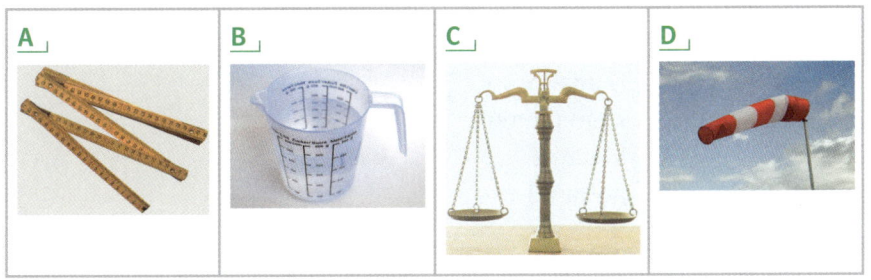

A ▢   B ▢   C ▢   D ▢

○ **4** Schreiben Sie die 6 in der Tabelle versteckten Substantive (senkrecht und waagrecht) in der richtigen Schreibweise mit dem bestimmten Artikel auf und setzen Sie diese im Singular in die vier Fälle.
Beispiel 1:
der Mut (**Nominativ**, Frage: wer oder was?), *des Mutes* (**Genitiv**, Frage: wessen?), *dem Mut* (**Dativ**, Frage: wem?), *den Mut* (**Akkusativ**, Frage: wen oder was?)

Zu 4:
Abstrakte (immaterielle) Dinge sind nicht mit den Sinnen wahrnehmbar. Sie bezeichnen Nicht-Gegenständliches.

I	O	Y	E	T	T	B	M	E	C	B	P	T	L	N
E	M	A	W	A	H	K	Z	E	I	T	L	L	I	B
R	U	I	C	L	S	F	H	Y	L	U	D	I	U	N
E	T	R	V	E	R	T	R	A	U	E	N	E	B	N
P	V	J	K	N	S	D	E	E	Z	O	U	B	E	M
A	K	I	N	T	E	R	E	S	S	E	V	E	X	U

○ **5** Notieren Sie gebräuchliche Substantive mit den Endungen -ei, -heit, -keit, -nis, -schaft, -tum, -ung

Teamfähig▪, Belastbar▪, Einsatzbereit▪, Kundenorientiert▪, Menschenkennt▪, Offen▪, Selbstbeobacht▪, Gewerk▪, Einfallsreich▪, Quäler▪, Ausbild▪

Zu 5 und 6:
Substantive kann man auch an den folgenden **Endungen** erkennen:
-ei, -er, -heit, -keit, -nis, -tum, -schaft, -ung, -sal

◐ **6** Schreiben Sie mindestens ein Substantiv mit den im Hinweis genannten Endungen und dem passenden bestimmten Artikel auf.
Beispiel: lieben → *die Liebelei, die Liebschaft*

träumen – trüb – gestalten – denken – identifizieren – fein – missverstehen – bescheiden – beherrschen – irr – bedürfen – leiden

○ **7** Notieren Sie die einzelnen Fremdwörter mit dem bestimmten Artikel.

konjunkturdompteuraktualitätoptimistphilosophieplatinekosmologieäquatorradaraggressionpraktikantfeminismushydrantegoismusakrobatikakademikerdialyse

Zu 7 bis 8:
Fremdwörter, die Substantive sind, lassen sich an besonderen Endungen erkennen:
-age, -ant, -anz, -eur, -ie, -ine, -ismus, -ik, -ist, -ion, -logie, -lyse, -or, -tion, -tät, -tur

◐ **8** Bilden Sie aus den vorgegebenen Silben und Buchstaben Fremdwörter und schreiben Sie diese im Singular und im Plural (wo es möglich ist) auf.
Beispiel: mu-kant-si → *Musikant, Musikanten*

dak-re-teur	in-ni-eur-ge	si-emis-on	ly-ana-se
rist-tou	ti-mo-ti-on-va	gie-lo-ana	ni-im-tät-mu
gie-lo-bio	mus-au-tis	fik-gra	bi-tur-ne
di-tor-rek	struk-kon-ti-on	gie-lo-öko	ne-kan-ti

9 a) Notieren Sie mit den Silben und Wörtern in Klammern Substantive in der passenden Form (Singular oder Plural).

b) Schreiben Sie die vollständigen Sätze und unterstreichen Sie das Prädikat.

A (art ausdauer sport) signalisieren Stärke.

B (lage nieder) führen oft zum Erfolg.

C (fähigkeit leistungs) ist wichtig.

D (fahrung er) machen klüger.

E (schlag rück) bringen einen oft vorwärts.

F (keit bar belast) ist nicht selbstverständlich.

G (fähigkeit stands wider) ist nicht nur ein Schlagwort.

Zu 9 bis 10:

Prädikat: Die Satzaussage findet sich in einem Verb wieder. Das Prädikat sagt etwas über das Subjekt aus und stellt eine Verbindung zwischen dem Subjekt und den übrigen Satzgliedern her.

10 Unterscheiden Sie zwischen Prädikat und anderen Satzteilen. Schreiben Sie die vervollständigten Sätze auf und unterstreichen Sie das Prädikat.

A Man sollte keine ▮chwäche ▮eigen.

B Die eigene Position sollte jeder ▮rbeitnehmer ▮ertreten können.

C Dazu sollten die Bewerber mit ▮tresssituationen ▮mgehen können.

D Unsichere Personen sollten sich feste ▮ormulierungen ▮inprägen.

E Auch ein deutlicher ▮lickkontakt ▮trahlt Selbstsicherheit aus.

11 Schreiben Sie nur den fehlenden Artikel und das dazugehörende Substantiv auf.

A ▮ systematische Weiterentwicklung sollte das entscheidende Ziel eines jeden Menschen sein.

B Dazu gehört ▮ stetige und intensive Nachdenken über die eigenen Handlungen.

C Dabei muss man auch auf ▮ gesunde Art von den Mitmenschen unabhängig werden.

D Man muss nicht nur ▮ eigenen Bedürfnisse kennen, man sollte ▮ eigenen Wünsche auch kommunizieren.

Zu 11 bis 12:

Artikel und Substantiv im Satz

Artikel stehen nicht immer direkt bei den dazugehörigen Substantiven. Oft stehen zwischen Artikel und Substantiv Adjektive oder andere Wortarten.

Beispiel:

*Die gewaltfreie **Kommunikation** ist anzustreben.*

12 Schreiben Sie die Sätze in der korrekten Schreibweise auf. Ergänzen Sie die fehlenden Anfangsbuchstaben und Endungen.

A Wir können im Normalfall die ▮urzfristig▮ ▮larmierung unseres Körpers gut verkraften.

B Anders wird es, wenn wir unsere Arbeit als eine ▮auerhaft▮ ▮elastung empfinden.

C Man meint dann, dass man die ▮nstehend▮ ▮ufgaben nicht mehr bewältigen kann.

D Deshalb sollte man rechtzeitig die ▮otwendig▮ ▮egenmaßnahmen einleiten.

E Dazu gehört eine ▮eplant▮ ▮ntspannung in Form von ▮egelmäßig▮ ▮rholungsphasen.

13 Vervollständigen Sie die folgenden Sätze sinnvoll (alle Möglichkeiten) und schreiben Sie diese in korrekter Schreibweise auf. Wählen Sie dazu die folgenden Substantive:

Schuld – Angst – Leid – Pleite – Bange – Not – Recht – Unrecht

A ⌐ Ich bin ▇

B ⌐ Mir wird ▇

C ⌐ Sie tut mir ▇

D ⌐ Das Unternehmen ist ▇

E ⌐ Eile tut ▇

F ⌐ Das ist mir ▇

14 Schreiben Sie die folgenden Sätze auf. Ergänzen Sie sie mithilfe des Ausschnitts aus dem Wörterbuch mit passenden Wörtern.

A ⌐ Wenn man vor großem Publikum redet, dann kann einem schon ▇ und ▇ werden.

B ⌐ Manchmal machen einem die Kollegen auch ▇.

C ⌐ Auf jeden Fall sollte man seine ▇ nicht zeigen, auch wenn einem ▇ und ▇ ist.

D ⌐ Es gilt das Motto: „▇ gilt nicht!"

> **bang, ban|ge**
> – banger u. bänger; am bangs|ten u. am bängs|ten ↑K74
> *Kleinschreibung:*
> – mir ist angst und bang[e]; ihm wird ganz bang ↑K70
> *Großschreibung:*
> – er hat keine Bange; nur keine Bange!
> – sie hat mir ganz schön Bange gemacht; jemandem Angst und Bange machen
> – das Bangemachen ↑K82 ; Bangemachen od. Bange machen gilt nicht

15 Schreiben Sie die Sätze neu. Wandeln Sie dabei die unterstrichenen Wörter in Adverbien um.

Beispiel: Der Mensch ist in der Nacht nicht so leistungsfähig.
→ *Der Mensch ist **nachts** nicht so leistungsfähig.*

A ⌐ Man ist Am Morgen noch nicht auf Aktivitäten eingestellt.

B ⌐ Die Leistungskurve ist am Vormittag am höchsten.

C ⌐ Man kann im Notfall ja auch für einen Energienachschub sorgen.

D ⌐ Die Leistungskurve ist zum größten Teil individuell unterschiedlich.

E ⌐ Viele Menschen arbeiten am Mittwoch gar nicht gerne.

16 Entscheiden Sie, ob klein- oder großgeschrieben wird. Schreiben Sie die Sätze auf, bei denen Sie sich für die Großschreibung entschieden haben.

A ⌐ Kritik wird manchmal wie ein B/bisschen empfunden.

B ⌐ Ein B/bisschen Kritik wird manchmal schon als zu viel empfunden.

C ⌐ Ein Tandem besteht aus einem P/paar von Mitarbeitern.

D ⌐ Ein Team besteht meist aus ein P/paar Mitarbeitern.

Zu 13 bis 16:

Vorsicht: Substantive können sich in andere Wortarten verwandeln. Dann werden sie kleingeschrieben.

Zu 13 und 14:

Die Substantive *Schuld, Angst, Leid, Pleite, Bange, Not, Recht* können zu Adjektiven werden, wenn sie mit den Verben „sein", „tun" oder „werden" verbunden sind und keinen Begleiter haben.

Sind sie mit anderen Verben (v. a. haben, machen) verbunden, so bleibt es Substantive.

Wenn Sie sich nicht sicher sind, schlagen Sie die korrekte Schreibweise in einem Wörterbuch nach.

Zu 15:

Substantive können zu **Adverbien** (Umstandswörtern) werden und werden dann kleingeschrieben.
Ein Adverb ist eine Wortart, die nicht veränderbar ist.

Beispiel:

*Sie arbeitet **nachts**.*

Zu 16:

Die Begriffe „Paar" und „Bisschen" sind nur in der ursprünglichen Bedeutung Substantive.
Wenn sie zu Pronomen (Fürwörtern) oder Adjektiven (Eigenschaftswörtern) werden, haben sie eine andere Bedeutung und werden kleingeschrieben.

Merkwörter:

Schuld haben	Leid haben	Recht haben/recht	sonntags	ein paar (unbestimmte
schuld sein	leid sein	haben/es ist mir	am Abend	Menge)
Angst haben/machen	leidtun	recht	abends	ein bisschen (eine
mir wird angst	im Recht sein	am Sonntag	ein Paar (= 2)	kleine Menge, wenig)

Regel 2:
Substantivierungen werden großgeschrieben.
Substantivierung ist die Bildung von Substantiven aus ursprünglich anderen Wortarten. Substantivierungen können auch einen Artikel haben und dekliniert werden.

Substantivierte Verben werden großgeschrieben.

1 Notieren Sie die Sätze und setzen Sie treffende substantivierte Verben in die Textlücken.

motivieren – präsentieren – reden – aufbereiten – einsteigen – ablesen

A ▢ ist eine besondere Kunst.
B Das ▢ des Publikums ist am Anfang besonders wichtig.
C Dazu ist das geschickte ▢ des Themas notwendig.
D Ein geglücktes ▢ in die Präsentation ist schon der halbe Erfolg.
E Verpönt ist das ▢ vom Blatt.
F Der Vortrag sollte durch freies ▢ geprägt sein.

Zu 1 bis 3:
Verben können **in der Form des Infinitivs** (Grundform) als Substantive verwendet werden.
Sie haben dann neutrales Genus (das) und sind nur im Singular verwendbar. Ein Artikel ist aber nicht zwingend notwendig.

2 Formulieren Sie die Sätze so um, dass das unterstrichene Verb substantiviert wird.
Beispiel: Es ist nicht einfach, gut zu präsentieren.
→ *Gutes **Präsentieren** ist nicht einfach.*

A Es ist notwendig, die Präsentation vorzubereiten.
B Auch ist es unumgänglich, Ziele für die Präsentation zu formulieren.
C Es ist sinnvoll, Stichworte auf Karteikarten zu notieren.
D Es macht Sinn, die Präsentation an die Zielgruppe anzupassen.
E Es ist üblich, Handouts auszuteilen.

3 Erstellen Sie eine Tabelle wie diese. Bilden Sie das Partizip Präsens und das Partizip Perfekt und substantivieren Sie diese Formen.

Verb im Infinitiv	Partizip Präsens	Partizip Perfekt
A belasten	*der/die/das Belastende*	*der/die/das Belastete*
B beleben	C lieben	D fühlen	E sehen

Zu 3 bis 4:
Substantivierte Partizipien
Partizip Präsens und Partizip Perfekt sind gebeugte Verbformen, haben aber auch Eigenschaften von Adjektiven. Beide Partizipien können als Substantive verwendet werden. Im Satz nehmen sie dann die Position des Subjekts oder des Objekts ein.
Beispiele:
Partizip Präsens: *der Lesende* oder *die Lesende*
Partizip Perfekt: *das Gelesene, das Eingemachte*

4 Schreiben Sie die substantivierten Partizipien in der richtigen Schreibweise mit dem bestimmten Artikel (wenn vorhanden) auf.

A Der ▢ sollte sich immer auf das Publikum konzentrieren. (vortragen)
B Das ▢ sollte sich an dem Interesse des Publikums orientieren. (vortragen)
C Außerdem sollte das ▢ nicht monoton wirken. (sagen)
D Der ▢ kann an wichtigen Stellen auch lauter werden. (sprechen)
E Dann wird das ▢ besser wahrgenommen. (sprechen)
F Die Zuhörer sollten nicht zu ▢ werden. (langweilen)

5 Schreiben Sie das vollständige Subjekt des Satzes in der richtigen Schreibweise auf und ergänzen Sie einen Artikel.

Beispiel: ▨ entspannt vor die Zuhörer Tretende hat viel gewonnen.
→ *Der entspannt vor die Zuhörer **Tretende***

A ▨ dem Publikum Vorgetragene muss verständlich sein.
B ▨ mit Folien Präsentierte muss leserlich sein.
C ▨ auf den Folien mit Bildern Dargestellte muss überschaubar sein.
D ▨ mit Mimik und Gestik Vortragende sollte natürlich wirken.

6 Setzen Sie den bestimmten, den unbestimmten Artikel oder ein passendes Demonstrativpronomen jeweils vor der Substantivierung ein und notieren Sie die Sätze in der richtigen Schreibweise.

A ▨ (strukturieren) eines Vortrags ist eigentlich ganz einfach.
B ▨ (überprüfen) dieser Struktur ist dennoch sinnvoll.
C ▨ (überprüfen) sollte man von anderen Personen vornehmen lassen.
D ▨ (vortragen), die dies missachten, haben sicherlich Nachteile.

Zu 6:

Artikel und Demonstrativpronomen

Artikel begleiten Substantive. Demonstrativpronomen können diese ersetzen.

– Bestimmter Artikel: *der, die, das*
– Unbestimmter Artikel: *ein, eine, ein*
– Demonstrativpronomen: *dieser, diese, dieses, jener, jene, jenes*

7 Schreiben Sie die vollständigen Sätze auf. Ergänzen Sie die substantivierten Verben durch eines der folgenden Wörter:

– *aufs, beim, zum, ihr, ihrem*

Beispiel: ▨ (v)ortragen sollte man sich nicht an die Ohren fassen.
→ ***Beim Vortragen*** *sollte man sich nicht an die Ohren fassen.*

A ▨ guten (sprechen) bedarf es einiger Dinge.
B ▨ (reden) sollte man nicht an andere Dinge denken.
C ▨ (überzeugen) kommt es letztendlich an.
D ▨ (gestikulieren) wird manchmal übertrieben.
E ▨ (auftreten) ist viel besser.
F Deshalb kann ich von ▨ (präsentieren) lernen.

Zu 7:

Versteckte/ersetzte Artikel

Manchmal sind Substantivierungen schwer zu erkennen, weil der Artikel versteckt oder durch andere Wortarten ersetzt ist.

Die folgenden Wortarten können auf Substantive hinweisen:

– Zusammenlegung von Präposition und Artikel: *beim, zum …*
– Possessivpronomen: *mein, dein, ihr …*
– Präpositionen: *außer, mit, durch …*

8 Kombinieren Sie die Adjektive und unbestimmten Zahlwörter (A-D) jeweils mit einem Verb (1-4). Substantivieren Sie die Verben, indem Sie den bestimmten Artikel davorsetzen.

Beispiel: wenig reden → *das wenige **R**eden*

A häufig   1 brüllen
B laut   2 wiederholen
C viel   3 nuscheln
D unverständlich 4 trinken

Zu 8:

Auch **unbestimmte, gebeugte Zahlwörter***, Adjektive oder Partizipien können auf Substantive hinweisen:

Beispiele:
viel, wenig, gering, vereinzelt, zahllos, ungezählt, einzeln, weitere, sonstige

---

* gilt auch bei ungebeugten Zahlwörtern, wenn Beugung möglich ist

Substantivierte Adjektive und substantivierte Partizipien werden großgeschrieben.
Dazu zählen auch Farbadjektive.

9 **Bilden Sie substantivierte Adjektive und schreiben Sie sie groß. Ergänzen Sie passend die erste Silbe.**

Silben: dunk – far – neu – schwie

A⌐ der ▢ e   B⌐ das ▢ le   C⌐ der ▢ bige   D⌐ das ▢ rige

10 **Notieren Sie die Sätze mit substantivierten Farbbezeichnungen.**
Beispiel: Er log das … vom Himmel herunter. → *das Blaue*

A⌐ Sie hatte ins ▢ getroffen.
B⌐ Das Ergebnis war aber nicht das ▢ vom Ei.
C⌐ Das ▢ des Waldes wirkt beruhigend.

11 **Notieren Sie die Sätze und setzen Sie substantivierte Adjektive/Partizipien in der vorgegebenen Reihenfolge ein.**

einfach/schön – unerklärt/unverstanden – persönlich/unvergessen

A⌐ Das ▢ ist oft das ▢.
B⌐ Das ▢ bleibt das ▢.
C⌐ Das ▢ ist meist das ▢.

12 **Schreiben Sie die Sprichwörter/Redewendungen korrekt auf, die sich hinter den Wortgruppen verbergen.**

A⌐ ▢ tappen dunkel   C⌐ ▢ und hängen würgen
B⌐ ▢ trüb fischen   D⌐ ▢ ist das heulen

13 **Notieren Sie die Begriffe, die in den Text passen. Bilden Sie dazu substantivierte Adjektive mit „im" (Präposition + Artikel).**

Adjektive: *groß und ganz – allgemein – unklar*

A⌐ Über geplante Veränderungen sollte man uns nicht ▢ ▢ lassen.
B⌐ Diese Offenheit sollte ▢ ▢ und ▢ selbstverständlich sein.
C⌐ Dies wird auch ▢ ▢ so gehandhabt.

14 **Substantivieren Sie die folgenden Adjektive, indem Sie das unbestimmte Zahlwort voranstellen.**
Beispiel: unklar – viel = *viel Unklares*

A⌐ gut – wenig   C⌐ lustig – nichts   E⌐ jung – manche
B⌐ süß – kein   D⌐ hässlich – alle   F⌐ klebrig – etwas

Zu 11 bis 15:

Wie bei anderen Wortarten weisen

– Artikel, auch versteckte (z. B. *im, am* = Präposition + Artikel),
– Demonstrativpronomen (z. B. *dieser, jener*),
– Possessivpronomen (z. B. *mein, dein, sein*),
– Präpositionen (z. B. *aus, mit, durch*),
– unbestimmte Zahlwörter (z. B. *kein, viel*)
– gebeugtes Adjektiv oder Partizip (z. B. *arrogant – der Arrogante*)

auf **Substantivierungen** hin.

15 Kombinieren Sie sinnvoll je ein Wort aus B–D mit einem aus 1–3. Substantivieren Sie die Adjektive/Partizipien, indem Sie „etwas" und ein Adjektiv oder Partizip voranstellen.
Beispiel A: *etwas unglaublich Schönes*

| A | gewohnt | C | stark | 1 | gut | 3 | übertrieben |
| B | bekannt | D | gewollt | 2 | provozierend | 4 | alltäglich |

16 Bilden Sie aus den folgenden Begriffen gebräuchliche Paarformeln und schreiben Sie diese in der richtigen Schreibweise auf.

reich – hoch – alt – arm – gut – groß – niedrig – jung – klein – böse

Zu 16:
Paarformeln
Adjektive werden großgeschrieben, wenn sie in nicht deklinierten Paarformeln zur Bezeichnung von Personen stehen.
Beispiele:
Arm und Reich, Gleich und Gleich

17 Stellen Sie die Wie-Frage nach dem Superlativ und schreiben Sie die Superlative in der richtigen Schreibweise auf.

A Diese Schreibtische sind am (schön).
B Die Stühle sind am (bequem).
C Diese Farben sind am (interessant).
D Diese Beleuchtung ist am (angenehm).
E Dieser Bildschirm ist am (ergonomisch).

Zu 17:
Vorsicht
Superlative mit „am" werden nicht großgeschrieben. Man kann sie mit „wie?" erfragen.

18 Überprüfen Sie, ob das unterstrichene Adjektiv/Partizip sich auf ein Substantiv im Umfeld des Satzes bezieht. Notieren Sie das Bezugssubstantiv und schreiben Sie das Adjektiv/Partizip in der richtigen Schreibweise auf.
Beispiel:
Gutes Benehmen ist in jedem Umfeld wichtig, auch im (b)eruflichen.
Umfeld (Bezugssubstantiv) – **b**eruflichen

A Die Anrede, auch eine (s)pontane, sollte immer höflich sein.
B Titel spielen eine Rolle, und zwar eine nicht zu (u)nterschätzende.
C Pünktlichkeit ist eine notwendige Eigenschaft, keine (f)reiwillige.
D Korrektes Aussehen ist wichtig, (s)chlampiges wirkt abstoßend.

Zu 18:
Vorsicht
Adjektive oder Partizipien, die sich auf ein Substantiv im Umfeld des Satzes beziehen, werden nicht substantiviert und daher kleingeschrieben.

19 Ergänzen Sie die folgenden Wendungen.

A Durch dick und ▇ gehen
B Über ▇ oder lang
C ▇ und quer
D nah und ▇

Zu 19:
Vorsicht
Adverbiale Wendungen aus Präposition und artikellosem, nicht dekliniertem Adjektiv werden kleingeschrieben.

Merkwörter:

im Allgemeinen	im Großen und Ganzen	im Trüben	Groß und Klein	Hoch und
im Folgenden, Folgendes	auf dem Laufenden	Ähnliches	Jung und Alt	Niedrig
im Weiteren	ins Schwarze treffen	im Dunkeln	Arm und Reich	

Substantivierte Zahlwörter werden großgeschrieben.

○ **20** Notieren Sie die folgenden substantivierten Grundzahlen, indem Sie die Endung -er anhängen.

A zwei (Bootsport)   **B** neun (Kartenspiel)   **C** hundert (Geld)

Zu 20:

Grundzahlen können mithilfe der Endung -er substantiviert werden. Sie haben dann auch übertragene Bedeutungen.

◐ **21** Notieren Sie die substantivierte Grundzahl.
Beispiel: In Mathematik hatte er immer eine ■ → *eine Eins*

A Mit einer ■ hätte er die Prüfung auch noch geschafft.
B Eine ■ wäre ihm zu mittelmäßig gewesen.
C Mit einer ■ hätte er die Prüfung nicht bestanden.

Zu 21:

Grundzahlen, die als Substantive gebraucht werden, schreibt man groß. Meist haben sie einen Artikel oder einen anderen Begleiter.
Beispiel:
eine 2 (Zwei) bekommen

○ **22** Schreiben Sie die Sätze auf und setzen Sie die Zahlenangaben in Worten in die entsprechenden Lücken.

A Mehr als (1/3) ■ der Berufsschüler hat Übergewicht.
B Am Sportfest haben (3/4) ■ der Schüler teilgenommen.
C Jeder (3.) ■ ist in einem Verein aktiv.

Zu 22:

Bruch- und Ordnungszahlen, die als Substantive gebraucht werden, schreibt man groß, wenn sie Ziffern bezeichnen.
Beispiel:
2/3 = zwei Drittel

◐ **23** Bilden Sie aus den Silben unbestimmte Zahladjektive und substantivieren Sie diese, indem Sie einen Artikel voranstellen.
Beispiel: rig – üb → *die Übrigen*

A os – zahl   **B** zeln – ein   **C** ein – ver – zelt   **D** reich – zahl

Zu 23:

Unbestimmte Zahladjektive, die als Substantive gebraucht werden, werden großgeschrieben.

◐ **24** Übertragen Sie die Datumsangaben in allgemeine Zeitangaben und notieren Sie diese. Ausgangspunkt der Zeitangaben ist der 10. September.
Beispiel: 08.09., 06:00 Uhr → *vorgestern Morgen*

A 08.09., 12:00 Uhr   **D** 8.9., 18:00 Uhr
B 09.09., 15:00 Uhr   **E** 10.9., 24:00 Uhr
C 10.09., 18:00 Uhr   **F** 10.9., 10:00 Uhr

Zu 24:

Tageszeiten nach Adverbien wie „gestern", „heute" oder „ morgen" werden großgeschrieben.
Beispiel:
heute Morgen

Merkwörter:

eine Eins haben	der Erste	morgens	am Morgen
eine Sechs würfeln	der Dritte	abends	heute Abend
ein Zehntel	der Letzte	nachts	morgen Mittag
			gestern Morgen

Andere Wortarten können auch substantiviert werden. Sie werden dann großgeschrieben.

25 Schreiben Sie den Ausschnitt aus einem Brief ab und tragen Sie die Anrede oder das Possessivpronomen in die Lücken ein.

Sehr geehrte Damen und Herren,

vielen Dank für ▩ Schreiben vom 5. September dieses Jahres, in dem ▩ mir ▩ veränderten Geschäftsbedingungen mitteilten.
Diese Veränderungen sind für mich unattraktiv. Deshalb mache ich von dem mir von ▩ eingeräumten sofortigen Kündigungsrecht Gebrauch.
Hiermit kündige ich meine Einkaufskarte bei ▩ Unternehmen fristlos.
Ich bitte ▩, mir diese Kündigung zu bestätigen.

Zu 25 bis 26:

Die Höflichkeitsanrede „Sie" und das entsprechende Possessivpronomen „Ihr" schreibt man immer groß.
Die Anredepronomen „du" und „ihr" und die entsprechenden Possessivpronomen kann man in Briefen großschreiben.

26 Vervollständigen Sie die Sätze. Unterscheiden Sie zwischen den Formen von „Sie", „Ihr" als höfliche Anredepronomen und den Formen von „sie", „ihr".

A) Ich informiere ▩ hiermit, dass ▩ Handwerker die Leitungen falsch verlegt haben.

B) Obwohl ich ▩ bereits kurz nach der Verlegung darauf angesprochen hatte, wollten ▩ ▩ Arbeit nicht korrigieren.

C) Ich hatte ▩ auch gesagt, dass ich ▩ unverzüglich über ▩ Weigerung, ▩ Arbeit zu korrigieren, informieren werde.

D) Dies hatte aber bei ▩ Handwerkern keinen Erfolg.

E) Ich bitte ▩ deshalb jetzt, ▩ Handwerker anzuweisen, ▩ Arbeiten nachzubessern.

F) Wenn dies zeitnah geschehen könnte, wäre ich ▩ sehr dankbar.

27 Notieren Sie die Sätze und setzen Sie passende Pronomen (ich, du, er, sie, es) ein.

A) Man sollte nicht jedem das ▩ anbieten.

B) Das ▩ bleibt im Berufsleben die Standardanrede.

C) Sigmund Freud bezeichnete das Unbewusste als das ▩.

Zu 27:

Pronomen, die als Substantive gebraucht werden, schreibt man groß. Meist haben sie einen Artikel oder einen anderen Begleiter.

28 Schreiben Sie die folgenden Sätze und ergänzen Sie diese durch passende substantivierte Adverbien.

Adverbien: hier, jetzt, heute, morgen, miteinander, gegenüber

A) Das ▩ und ▩ wird von vielen als wichtig angesehen.

B) Man sollte demnach im ▩ leben und nicht im ▩.

C) Man sollte dem ▩ nicht feindlich gesinnt sein.

D) Ein ▩ ist meist möglich.

Zu 28:

Adverbien, Präpositionen, Konjunktionen und Interjektionen können auch als Substantive verwendet werden.

Die Substantivierung lässt sich an folgenden Merkmalen erkennen:
– Artikel
– vorangestelltes Adjektiv, Pronomen

Zusammengesetzte Substantivierungen werden großgeschrieben.

29 Konstruieren Sie gebräuchliche Substantivierungen aus je einem Wort aus A–D und 1–4. Schreiben Sie diese mit dem bestimmten Artikel auf.

A	Zähne	1	lesen
B	schlafen	2	legen
C	Zeitung	3	putzen
D	still	4	gehen

Zu 29:

Aus zwei Wörtern zusammengesetzte Substantivierungen werden immer großgeschrieben.
Ein Bindestrich ist meist nicht üblich.
==Beispiel:==
das Zustandekommen

30 Setzen Sie Bindestriche zwischen die einzelnen Bestandteile der zusammengesetzten Substantivierung und notieren Sie diese in der richtigen Schreibweise.

das Aufdielangebankschieben – der Hansguckindieluft – das Ausderhautfahren – das Außersichsein – das Sowohlalsauch – die Mundzumundbeatmung – das Aufderfaulenhautliegen – der Prokopfverbrauch

Zu 30:

Bei zusammengesetzten Substantivierungen aus **mehr als zwei Wörtern** gilt Folgendes:
– Der Wortanfang wird großgeschrieben.
– Substantive und Verben werden großgeschrieben.
– Alle anderen Wortarten werden kleingeschrieben.
– Die einzelnen Wörter werden durch Bindestrich verbunden.
==Beispiel:==
sein Vor-den-anderen-Prahlen

31 Schlagen Sie im Rechtschreibwörterbuch die Schreibweise der folgenden Wörter nach und notieren Sie diese in der richtigen Schreibweise.

A	emailadresse	C	edur	E	wahlomat
B	obeine	D	euerweiterung	F	vmann

Zu 31:

Vorsicht

Diese Regeln gelten nur bedingt für Abkürzungen, zitierte Wortformen und Einzelbuchstaben.
– *die km-Zahl*
– *der pH-Wert*
– *der dass-Satz*
– *die x-Achse*

Ed|mund (m. Vorn.)
Edom (Land östl. u. südöstl. des Toten Meeres im A.T.); Edo|mi|ter; Edo|mi|te|rin
Edu|ard (m. Vorn.)
Edu|ka|ti|on, die; - ⟨lat.⟩ (*veraltet für* Erziehung)
Edukt, das; -[e]s, -e (*fachspr. für* aus Rohstoffen abgeschiedener Stoff [z. B. Öl])
E-Dur ['eːduːɐ̯, *auch* 'eːˈduːɐ̯], das; -[s] (Tonart; *Zeichen* E); E-Dur-Ton|lei|ter ↑K28

E-Mail-Ad|res|se ['iːmeːl...]
==e-mai|len==, emai|len; geemailt; E-Mail-Kon|to ['iːmeːl...]
Email|le [e'maljə, *auch* e'maɪ̯] *vgl.* Email
Email|le|far|be, Email|far|be; Email|le|ma|le|rei, Email|ma|le|rei
Email|leur [ema(l)'jøːɐ̯], der; -s, -e (Schmelzarbeiter); Email|leu|rin
email|lie|ren [ema(l)'jiː..., emaɪ̯'liː...]; Email|lier|ofen
E-Mail-Post|fach ['iːmeːl...];
E-Mail-Pro|gramm; E-Mail-Wurm (*EDV* Computervirus, der sich über Netzwerke selbsttätig verbreitet)

EU-Bei|tritt
Eu|bi|o|tik, die; - ⟨griech.⟩ (*Med.* Lehre von der gesunden Lebensführung)
Eu|böa (griech. Insel); eu|bö|isch
EU-Bot|schaf|ter; EU-Bot|schaf|te|rin
euch ↑K83: *in Briefen klein- od. großgeschrieben; vgl.* du

O-Bei|ne *Plur.* ↑K29
==o-bei|nig==, O-bei|nig
Obe|lisk, der; -en, -en ⟨griech.⟩ (vierkantiger, nach oben spitz zulaufender Pfeiler)
oben *s. Kasten*
oben|an; obenan stehen, sitzen
oben|auf; obenauf liegen; obenauf (*ugs. für* gesund, guter Laune) sein; obenauf *od.* obenaus schwingen (*schweiz. für* die Oberhand gewinnen, an der Spitze liegen)

v. M. = vorigen Monats
V-Mann ['fau...], der; -[e]s, V-Leute *u.* V-Männer = Vertrauensmann, Verbindungsmann
VN = Vereinte Nationen *Plur.;* UN *u.* UNO
v. o. = von oben
Vöck|la|bruck [f...] (oberösterr. Stadt)
Vod|cast ['vɔtkaːst], der; -s, -s ⟨engl.⟩ (Videopodcast)
Vo|gel, der; -s, Vögel

Wahl|lü|ge; Wahl|mann *Plur.* ...männer; Wahl|mo|dus; Wahl|mög|lich|keit; Wahl|mü|dig|keit; Wahl|nacht; Wahl|nie|der|la|ge
Wahl-O-Mat, der; -[en] (elektron. Programm, mit dem man seine Übereinstimmung mit polit. Parteien testen kann)
Wahl|pa|ro|le; Wahl|par|ty; Wahl|pe|ri|o|de; Wahl|pflicht

Regel 3:
Namen und Titel werden großgeschrieben.

Personennamen werden **in allen ihren Teilen** – mit Ausnahme von Präpositionen (z. B. „von"), Artikeln und Konjunktionen – großgeschrieben.

○ **1** Schreiben Sie jeweils 2 berühmte Persönlichkeiten in der richtigen Schreibweise auf, die sich in dem folgenden Wortsalat verbergen.

A⌋ ebewbfebfjebfebalberteinsteinvqbvqebvqefriedrichschillerwjvbqr
B⌋ vwevwergustaveeiffelwgbberbillgatesvwevwevverrb
C⌋ fewvrbheinrichheinebbewwebnvirbgbeemahatmagandhiw

○ **2** Erfinden Sie mit den in Aufgabe 1 gefundenen Personennamen Namensbezeichnungen und notieren Sie diese mit Artikel und einem der folgenden Wörter.
Beispiel: die Ludwig-van-Beethoven-Gesellschaft

Straße – Platz – Museum – Stiftung – Institut – Schule

Zu 2:
Zusammensetzungen mit Namen werden **großgeschrieben**. Die einzelnen Wörter werden dann mit einem Bindestrich verbunden.

◐ **3** Notieren Sie die Antwort auf die folgenden Fragen. Achten Sie dabei auf die richtige Schreibweise.

A⌋ Wie heißt der größte Dom Deutschlands?
B⌋ Welches berühmte Produkt aus der Schweiz hat Löcher?
C⌋ Welche Wurstspezialität kommt aus Thüringen?
D⌋ Wie heißen die berühmten tierischen Stadtmusikanten?

Zu 3:
Geografische Eigennamen und Ableitungen auf -er werden großgeschrieben.

○ **4** Formulieren Sie Ableitungen auf -isch.
Beispiel: Nudeln aus Italien → *italienische Nudeln*

A⌋ Pralinen aus Belgien
B⌋ Joghurt aus Griechenland
C⌋ Gastfreundschaft in der Türkei
D⌋ Wende durch Kopernikus

Zu 4:
Vorsicht
Ableitungen auf -isch werden kleingeschrieben, wenn sie keine Eigennamen sind.

◐ **5** Schreiben Sie die richtigen Kombinationen in der korrekten Form mit Artikel auf. Beachten Sie die Angaben im Wörterbuch.

Abend – erster – Bahn – deutsch – heilig – Nationen – vereint – Weltkrieg – zweiter

Zu 5:
Eigennamen von verschiedenen Objekten, Institutionen und historischen Ereignissen werden großgeschrieben.
Wenn Sie nicht sicher sind, ob es sich um einen Eigennamen handelt, schlagen Sie nach.

ers|te

Kleinschreibung ↑K89:
– das erste Schneeglöckchen
– der erste (1.) April
– das erste Mal; beim, zum ersten Mal
– der erste Rang
– die erste Geige spielen
– die erste heilige Kommunion
– das erste Staatsexamen
– der erste Spatenstich
– erster Klasse fahren
– Bachstraße 7, erster Stock

Großschreibung der Substantivierung ↑K80:
– der Erste, der kam
– als Erster, Erste durchs Ziel gehen
– als Erstes tun
– fürs Erste
– zum Ersten
– mein Erstes war, ein Heft zu kaufen (zuerst kaufte ...)

Großschreibung in Namen und bestimmten namenähnlichen Fügungen ↑K88 u. 89:
– Otto der Erste (Otto I.)
– der Erste Weltkrieg
– der Erste Geiger (Konzertmeister)
– der Erste Bürgermeister (Amtsbezeichnung)
– die Erste Staatsanwältin (Amtsbezeichnung)
– der Erste Vorsitzende (Dienstbezeichnung)
– der Erste Mai (Feiertag)
– Verdienstkreuz Erster Klasse
– die Erste Bundesliga (oberste Spielklasse)
– das Erste Deutsche Fernsehen (*für* ARD)
– die Erste *od.* erste Hilfe (bei Unglücksfällen)

Man sollte unterscheiden:
– die ersten beiden (das erste und das zweite Glied, das erste Paar einer Gruppe)
– die beiden Ersten (von zwei Gruppen das jeweils erste Glied)

Regel 4:
Satzanfänge werden großgeschrieben.

1 Trennen Sie die Hauptsätze durch einen Punkt ab und schreiben Sie den Text in der richtigen Groß- und Kleinschreibung.

es war früh am morgen die straßen waren leer ich ging zum bahnhof ich verglich meine uhr mit der turmuhr es war schon viel später als angenommen ich musste mich sehr beeilen ich wurde deshalb im weg unsicher ich kannte mich in dieser stadt noch nicht aus zum glück war ein polizist in der nähe ich lief zu ihm.

Zu 1 bis 2:
Das erste Wort eines Satzes wird immer großgeschrieben.

2 Wandeln Sie die indirekte Rede in direkte Rede um.
Beispiel:
Ich bemerkte, dass ich ein Buch lese. → *Ich bemerkte: „**Ich lese ein Buch.**"*

A Ich fragte ihn, wo es zum Bahnhof gehe.
B Er fragte, ob ich tatsächlich von ihm den Weg erfahren wolle
C Ich antwortete mit einem Ja und dass ich den Weg nicht selbst finden könne.
D Er lächelte und sagte, ich solle es aufgeben.

3 Formulieren Sie so um, dass nach dem Doppelpunkt ein vollständiger Satz entsteht.
Beispiel:
Auch für diese Parabel gilt: zunächst unverständlich.
→ *Auch für diese Parabel gilt: **S**ie ist zunächst unverständlich.*

Zu 3:
Nach einem Doppelpunkt wird das erste Wort eines selbstständigen Satzes großgeschrieben.

A Das ist der Ausgangspunkt der Parabel: ein früher Morgen.
B Der Ort der Handlung wirkt normal: leere Straßen.
C Das Ziel des Erzählers ist alltäglich: der Bahnhof.
D Eine Kleinigkeit bringt den Erzähler aus dem Gleichgewicht: die Zeitdifferenz zwischen seiner Uhr und der Turmuhr.
E Die Folge ist einfach beschrieben: Unsicherheit in der Orientierung.
F Der Erzähler sucht Hilfe bei jemandem: in der Nähe ein Polizist.
G Das Ende der Parabel überrascht: der Rat des Polizisten zur Aufgabe.

Test

Entscheiden Sie, welche Wörter nach den Ziffern 1, 2, 3, 4 korrekt geschrieben sind.

1	In diesem (1) Text (2) geht es um (3) Gespräche und deren (4) regeln.
2	Eine (1) wichtige (2) Eigenschaft ist die (3) offenheit der (4) gesprächspartner.
3	Die (1) Gesprächspartner sollten nicht (2) gedanken oder (3) Reaktionen des anderen (4) vorwegnehmen.
4	Man (1) sollte aber die (2) eigenen (3) gefühle deutlich (4) aussprechen.
5	Kommunikation kann (1) konstruktiv sein, wenn sie (2) nicht zu einem (3) belanglosen (4) geplapper wird.
6	Ein (1) bisschen (2) motivation reicht nicht aus. Man sollte mit einem (3) konkreten (4) anlass beginnen.
7	Man sollte sich auch an die (1) Regeln der (2) höflichkeit und der (3) freundlichkeit (4) halten.
8	Es kann auch nicht (1) darum gehen, wer (2) schuld hat oder (3) wer im (4) recht ist.
9	Das (1) partnerschaftliche (2) eingehen auf den anderen ist (3) immer (4) wichtig.
10	Schon (1) verarbeitetes nochmals zu (2) thematisieren (3) ist nicht (4) sinnvoll.
11	Durch (1) aufmerksames (2) zuhören zeigt man dem (3) Partner (4) interesse.
12	Im (1) allgemeinen sollte man (2) zusammenfassen, was der Partner (3) gesagt hat, damit (4) unklares vermieden wird.
13	Diese (1) Regeln sind am (2) einfachsten anzuwenden. Man könnte auch sagen, dass diese (3) regeln die (4) einfachsten sind.
14	Man sollte sich nicht (1) gelb und (2) grün ärgern, aber auch nicht das (3) blaue vom Himmel (4) herunterlügen.
15	Das (1) wichtige ist (2) einfach: Werde nicht zum (3) herrschenden oder dem (4) Beherrschten.
16	Es (1) geht nicht (2) darum, immer der (3) erste oder die (4) beste zu sein.
17	So können (1) mehr als (2) drei (3) viertel aller (4) gespräche gut ausgehen.
18	Die (1) anderen (2) gespräche können von heute auf (3) übermorgen (4) nachmittag vertagt werden.
19	Insgesamt sollte (1) man sich aber auf das (2) hier und (3) jetzt (4) konzentrieren können.
20	Wichtig ist das (1) offene-Fragen-(2)benennen. Ein (3) auf und (4) ab ist bei jedem Gespräch normal.
21	Ein (1) auf-(2)die-(3)lange-Bank-(4)schieben ist nicht sinnvoll.
22	Ich fragte (1) Ihren Freund: „Haben (2) sie mich verstanden und konnte (3) ich (4) ihnen helfen?"
23	Man (1) fühlt sich dann (2) manchmal, als ob man einen (3) sechser im (4) lotto hätte.
24	Ähnliches (1) vertritt auch die (2) hannes-(3)watzmann-(4)stiftung.
25	Diese ist im (1) bayerischen Wald (2) angesiedelt und sie arbeitet (3) präzise wie (4) schweizer Uhren.
26	Da (1) geht es nicht um (2) bayerische Knödel oder um (3) mailänder (4) Salami.
27	Eigentlich setzt (1) sie die (2) tradition der (3) französischen (4) revolution fort.
28	Manchmal ist es ein langes (1) Hin und (2) Her, manchmal ein ewiges (3) wenn und (4) aber.
29	(1) ich bin mir sicher: (2) ich bin jetzt klüger. (3) da frage ich mich: „(4) werde ich daraus lernen?"
30	Dies gilt für (1) jeden (2) er und für (3) jede (4) sie.

Lösungen
n5f2nq

S-Schreibung

Der s-Laut wird im Deutschen mit s geschrieben. Aber das stimmt doch nicht immer.

Du hast recht. Aber in den meisten Fällen schreibt man s. Du musst also nur lernen, wann man „ss" und wann „ß" schreibt.

Regel 1:
Steht der s-Laut zwischen zwei Vokalen, wird er mit doppeltem s geschrieben, falls der s-Laut einem einfachen kurzen betonten Vokal folgt.

○ **1** Erstellen Sie eine Tabelle wie diese und ordnen Sie die folgenden Wörter korrekt zu.

A	B	C	D	E
Wort entspricht der Regel	Vokal vor dem s ist nicht betont	Vokal vor dem s wird lang gesprochen	s-Laut steht nach Doppelvokal (Diphthong)	s-Laut steht nicht zwischen 2 Vokalen
wissen	besuchen	glasig	Schneise	Weste

Gräser – Lösung – Verlies – Zäsur – Phrase – bisher – beweisen – beflissen – Kasten – Klasse – lesen – fassen – bestenfalls – Ekstase – Reise – Vergreisung – Kies – bisweilen – Interesse – Fliese

◔ **2** Schreiben Sie die Sätze mit dem richtigen s-Laut. Notieren Sie in fünf Fällen eine Ableitung oder Verlängerung, mit der Sie Ihre Schreibweise mit doppeltem s begründen.

A   Man vergi▮t oft, Sport zu treiben.
B   Bei Kla▮enarbeiten sind Schüler oft gestre▮t.
C   Er fa▮t die Hauptaussagen zusammen.
D   Er ha▮t es, lange zu warten.
E   Sie i▮t auf ihren Reisen meist im Zug.
F   Sie bi▮ sich durch die vielen komplizierten Anleitungen.

Zu 2:

Auch wenn nach dem s-Laut ein Konsonant oder kein Buchstabe folgt, wird der s-Laut mit doppeltem s geschrieben, wenn sich das Wort verlängern oder ableiten lässt und dabei die Regel 1 zutrifft.

Beispiele:
– *er misst*
– *Messgerät* (von „messen")
– *Beschluss* (→ „Beschlüsse")

Regel 2:
Die Vorsilbe miss-/Miss- und die Pluralform (-nisse) der Endsilbe
„-nis" werden mit doppeltem s geschrieben.

○ **3** Notieren Sie die Wörter, die mit einem doppeltem s geschrieben
werden müssen.

A Mi▢fallen	**E** Mi▢ere	**I** Versäumni▢e			
B Mi▢erfolg	**F** Mi▢bildung	**J** Ereigni▢e			
C mi▢verständlich	**G** Kenntni▢e	**K** Verhältni▢e			
D Mie▢muschel	**H** Zeugni▢	**L** Geständni▢			

Merkwörter:

meistens	fast	(er) fasst	Misswirtschaft	Hindernis/Hindernisse
bis	(sie) biss/bissen	wissbegierig	Missverständnis	

Regel 3:
Von allen Konjunktionen schreibt man nur „dass" und „sodass"
mit doppeltem s.

○ **4** Verknüpfen Sie jeweils den Satz in der linken Spalte mit dem in der
rechten durch die Konjunktion „dass".
Trennen Sie den dass-Satz durch Komma ab. Achten Sie auf den
Satzbau des Nebensatzes und die Rechtschreibung.
Beispiel A: *Es ist ärgerlich, **dass** der Autor uns hier im Unklaren **lässt**.*

Zu 4:
Nach Verben des Fühlens, Meinens,
Wissens, Wünschens und Wollens
steht häufig ein „dass"-Satz.
<mark>Beispiel:</mark>
*Er **behauptet, dass** er den Roman
mehrfach gelesen hat.*

A Es ist ärgerlich ▢	Der Autor lässt uns hier im Unklaren.
B Alle meinen ▢	Kafka zu lesen ist schwierig.
C Er freut sich ▢	Er hat ein gutes Referat gehalten.
D Ich hoffe ▢	Das ist eine gute Idee.
E Sie beklagt sich immer ▢	Sie findet keinen Zugang zu Kafka.
F Der Journalist erkannte ▢	Er hatte nicht sorgfältig recherchiert.

◒ **5** a) Machen Sie die Probe, ob an den gekennzeichneten Stellen
„dieses", „jenes" oder „welches" eingesetzt werden kann.
b) Notieren Sie die übrigen Sätze und setzen Sie „dass" ein.

A Der Autor behauptet, ▢ die Probleme hausgemacht sind/seien.
B Wir haben die Argumente so oft abgewogen, ▢ wir uns sicher sind.
C Er erläutert das Thema, ▢ uns alle angeht.
D Er hat das Problem erkannt, ▢ machte ihn schlaflos.
E Er sprach so laut, ▢ alle sein Gespräch mithören konnten.
F Ausschlaggebend war, ▢ er zugab, ▢ er Hilfe brauchte.

6 Notieren Sie die Sätze, in denen es notwendig ist, einen Artikel einzusetzen.

A | ▦ Verhalten kann einer Besprechung oft eine Wende geben.
B | Als ▦ Verhalten, das sich geziemt, kann man das nicht mehr bezeichnen.
C | Auch für ▦ Präsentieren gibt es bei uns feste Regeln.
D | ▦ Präsentieren hilft einem, das Thema besser zu verstehen.
E | ▦ Zuhören ist wichtig in einem Gespräch.
F | Auch ▦ Zuhören muss man lernen.

7 Formulieren Sie auf der Grundlage der angegebenen Wörter vollständige Sätze und ergänzen Sie dabei das Demonstrativpronomen „das". Kontrollieren Sie für sich, ob Sie „das" durch „dieses" oder „jenes" ersetzen können.
Beispiel: *Das gefällt mir.* (Kontrolle: Dieses/Jenes gefällt mir.)

A | mir – gefällt
B | vergisst – man – nicht
C | Risiko – ein – ist
D | ihn – sehr – wundert
E | ganz – einfach – ist – doch
F | nicht – ich – weiß

8 Notieren Sie das jeweilige Wort, auf das sich das Relativpronomen „das" bezieht.

A | Gegen das Gefühl, das ihn überkam, war er machtlos.
B | Das Angebot, das er annahm, war sein Verhängnis.
C | Er erfand ein Parfum, das die Kundschaft begeisterte.
D | Es war ein Mittel der Beeinflussung, das man nicht geschickter wählen konnte.

9 Entscheiden Sie, ob „das" oder die Konjunktion „dass" eingesetzt werden muss, und schreiben Sie die Sätze neu.

A | Er erklärte den Sachverhalt so, das/dass ihn alle verstanden haben.
B | Ich denke, das/dass das/dass korrekte Formulieren eines Arguments der eigenen Position mehr Überzeugungskraft verleiht.
C | Er befürchtet, das/dass er mit einem schlechten Zeugnis so schnell keine neue Stelle finden wird.
D | Ich weiß, das/dass Anliegen ist dringend.
E | Das/Dass seine Ideen nicht geeignet sind, alle Probleme der Welt zu lösen, das/dass weiß er auch selbst.
F | Meist ist das/dass das/dass Schwierigste: Man kann das/dass Unwichtige nicht vom Wichtigen trennen.
G | Auf das/dass wir beim nächsten Mal das/dass Richtige tun und alles so lange üben, bis das/dass alles reibungslos läuft.
H | Das/Dass die Berufsausbildung die Grundlage meiner Lebenssicherung ist, das/dass ist mir schon klar.

Zu 6 bis 9:

Wenn Sie nicht sicher sind, ob Sie „das" oder „dass" schreiben müssen, prüfen Sie, ob es sich bei dem Wort um
– einen sächlichen Artikel (das),
– ein Demonstrativpronomen (hinweisendes Fürwort),
– ein Relativpronomen (bezügliches Fürwort) handelt.

Diese Wortarten schreibt man mit einfachem s.

Zu 7:

Das **Demonstrativpronomen** (hinweisende Fürwort) „das" kann durch „dieses" oder „jenes" ersetzt werden. Es steht häufig am Anfang des Satzes.
Beispiel:

Das (= dieses/jenes) ist doch das Problem.

Zu 8:

Das **Relativpronomen** bezieht sich auf ein davorstehendes Substantiv oder Pronomen. Das Relativpronomen „das" kann durch „welches" ersetzt werden.
Beispiel:

„Das leise Klingeln, das (= welches) ich hörte, kam von der Schulklingel."

Regel 4:
Der stimmlose s-Laut nach langem Vokal oder Diphthong
(Doppellaut, z. B. ei, eu) wird ß geschrieben.

○ **10** Erstellen Sie eine Tabelle wie diese und notieren Sie die angegebenen Wörter in der korrekten Spalte.

Hase – Blase – Schoß – Fuß – Phase – Stoß – Häuser – Gleise – Soße –
reißen – reisen – außer – Strauß – Verschleiß – heißen – beispielsweise

s-Laut stimmhaft gesprochen	s-Laut stimmlos gesprochen
Beweis	draußen

◐ **11** Erstellen Sie eine Tabelle wie diese. Verlängern Sie die Wörter und
entscheiden Sie, ob der s-Laut stimmhaft oder stimmlos gesprochen
wird.

Maus – Hinweis – süß – bloß – Kreis – Spaß – Gefäß – groß –
Verstoß – Gruß – heiß – riesig – Maß – Fleiß

s-Laut im verlängerten Wort stimmhaft gesprochen	s-Laut im verlängerten Wort stimmlos gesprochen
Hinweise	bloße

Zu 11:

Oft kann man durch die Bildung der
Mehrzahl oder von erweiterten Formen
hören, ob s oder ß geschrieben werden
muss.

Beispiel:

Das Haus ist *weiß*. (stimmlos)
Das *weiße* Haus. (weiterhin stimmlos)

◐ **12** Erstellen Sie eine Tabelle wie diese. Ordnen Sie die fett gedruckten
Wörter zu und fügen Sie den korrekten s-Laut ein.

lang gesprochener Vokal vor stimmlosem s-Laut	kurzer Vokal vor s-Laut
fließen	flossen

A Zu schnelles Autofahren ist ein **Versto▉** gegen die **Stra▉enverkehrs-
ordnung**.
B Man sollte seine Geschwindigkeit dem **Verkehrsflu▉** anpassen.
C Allerdings sollte man sich nicht darauf **verla▉en**, **da▉** die anderen
Verkehrsteilnehmer dies ebenso sehen.
D Die Versuchung ist oft **gro▉**, schneller zu fahren, als erlaubt.
E Doch **grö▉tenteils** halten sich die Autofahrer an bestehende Regeln.
F Letztens **stie▉en** allerdings wieder zwei Autos wegen überhöhter
Geschwindigkeit in der Stadt zusammen.
G Die Vorbeifahrenden **unterlie▉en** es, den Verletzten zu helfen.
H Da hört der **Spa▉** allerdings auf.
I **Schlie▉lich mü▉en** sie die Verantwortung tragen.
J Sie **besa▉en** schon **au▉ergewöhnliche** Lebenserfahrung.
K Man kann es **blo▉ begrü▉en**, wenn sie es in Zukunft nicht mehr
unterla▉en, Hilfe zu leisten.

13 Notieren Sie das entsprechende Verb.

Beispiel A: Riss → *reißen*

A	Riss	D	Guss	G	Entschluss	I	Schluss
B	Biss	E	Genuss	H	Schloss	J	Verdruss
C	Fluss	F	Beschluss				

14 Vervollständigen Sie die Sätze mit der jeweiligen Präteritumsform des Verbs.

Beispiel:

Wir (verlassen) den Raum aufgeräumt. → *Wir **verließen** den Raum aufgeräumt.*

A Bei der Feier (essen) die Gäste mehr, als wir bestellt hatten.

B Deshalb (lassen) wir den Caterer nochmals kommen.

C Dabei (vergessen) dieser aber, das vegetarische Menu zu liefern.

D Die Gäste (unterlassen) es, ihren Unmut zu zeigen.

E Obwohl er viele Reichtümer (besitzen), war er nicht glücklich.

F Sie (messen) materiellem Reichtum keine große Bedeutung bei.

15 Setzen Sie die jeweils korrekte Form der s- oder ß-Schreibung ein und schreiben Sie die Sätze korrekt ab.

Zu 15:
Es gibt wenige häufig vorkommende Wörter mit ß, daher ist es sinnvoll, sich diese einzuprägen.

A Schon als Kind war sie in besonderem Ma▮e musikalisch.

B Sie besa▮ au▮erordentliches Talent.

C Als sie schlie▮lich zum ersten Mal ein Konzert gab, war die Freude der Eltern rie▮ig.

D Sie stie▮ auf keine gro▮e Resonanz in der Öffnetlichkeit, denn bi▮her hatte sie immer nur im Krei▮e der Familie musiziert.

E An dieser Stra▮enkreuzung wurde eine hohe Konzentration an Ru▮partikeln gemessen.

F Auf dieser Strecke wird zu sehr gera▮t.

Merkwörter:

Assistentin	graziös	weise	reißen	Fuß	(er/sie/es) saß
Ausweis	Greis	(er/sie/es) weist	schießen	Gefäß	Spieß
bis	Haus	beißen	schließen	gemäß	Strauß
ein bisschen	Kreis	fließen	schmeißen	Grieß	süß
famos	Maus	genießen	schweißen	Gruß	Verschleiß
Fliese	meist	gießen	stoßen	heiß	weiß
Glas	Reise	grüßen	süßen	Maß	
Gras	riesig	heißen	außen	Ruß	

Test

Entscheiden Sie, welche Schreibweise nach der Ziffer 1, 2 und 3, 4 korrekt ist.

1	Er ist ein (1) grosses / (2) großes (3) Wagniß / (4) Wagnis eingegangen.
2	Mit dieser Aussage liefert er den (1) Beweiß / (2) Beweis, (3) dass / (4) das wir Recht haben.
3	(1) Das / (2) Dass, was (3) passiert / (4) pasiert, wird nun genauer beobachtet.
4	Sicher ist das nicht der (1) Weißheit / (2) Weisheit letzter (3) Schluß / (4) Schluss.
5	Sie (1) mußten / (2) mussten die (3) Ergebnisse / (4) Ergebnise mehrere Male korrigieren.
6	Einen möglichen (1) Meßfehler / (2) Messfehler haben sie uns nicht (3) nachgewiesen / (4) nachgewießen.
7	Wir gehen davon aus, (1) das / (2) dass diese (3) Phaße / (4) Phase bald überwunden sein wird.
8	Wir hoffen, (1) das / (2) dass ist das Angebot, (3) dass / (4) das Sie sich gewünscht haben.
9	Man merkt, (1) das / (2) dass sie sich auskennt und über die Vorgänge Bescheid (3) weis / (4) weiß.
10	Es war ein Versuch, (1) das / (2) dass Thema (3) Miswirtschaft / (4) Misswirtschaft näher zu beleuchten.
11	Als (1) Asistentin / (2) Assistentin des Chefredakteurs ist ihr die (3) Maße / (4) Masse von Beschwerden bekannt.
12	Sie (1) wussten / (2) wußten (3) dass / (4) das alles schon lange.
13	Das Verlagshaus, (1) dass / (2) das den (3) Bestsellerautor / (4) Besstsellerautor entdeckt hat, kann stolz sein.
14	Bitte entschuldigen Sie, (1) das / (2) dass die (3) Gefäse / (4) Gefäße verspätet angeliefert wurden.
15	Die wirtschaftlichen (1) Interesen / (2) Interessen verbieten es, weitere (3) Zugeständnise / (4) Zugeständnisse zu machen.
16	Das (1) Gießen / (2) Giesen der Metallteile ist ein Vorgehen, (1) das / (4) dass viel Sorgfalt erfordert.
17	Er (1) isst / (2) ist sehr (3) wissbegierig / (4) wisbegierig.
18	(1) Das / (2) Dass Sie mit diesem (3) Kompromiß / (4) Kompromiss einverstanden sind, freut uns sehr.
19	Morgen werden wir eine Reihe von (1) Massnahmen / (2) Maßnahmen (3) beschließen / (4) beschliesen.
20	Diese Forderung soll nun nicht in Stein (1) gemeiselt / (2) gemeißelt sein, wir können ruhig darüber (3) disskutieren / (4) diskutieren.
21	Mit dem (1) bloßen / (2) blosen Schätzen ist es (3) meistens / (4) meißtens nicht getan.
22	Sie (1) fast / (2) fasst das (3) Glass / (4) Glas vorsichtig am Stiel.
23	Er hat keinen (1) blasen / (2) blassen Schimmer von unserer (3) Meseplanung / (4) Messeplanung.
24	Das (1) Weis / (2) Weiß wirkt hier ein (3) bißchen / (4) bisschen zu nüchtern.
25	In einem so (1) heisen / (2) heißen Land werden sie sich um diesen Auftrag (3) reisen / (4) reißen.
26	(1) Bissher / (2) Bisher (3) vergas / (4) vergaß er das nie.
27	(1) Dass / (2) Das wir heute schon fertig werden, darüber freuen wir uns (3) rießig / (4) riesig.
28	Auf diese (1) Weiße / (2) Weise wären wir (3) fasst / (4) fast wieder zum Zuge gekommen.
29	Mit unseren (1) Beschlußanträgen / (2) Beschlussanträgen (3) stießen / (4) stiesen wir auf Widerstand.
30	(1) Lasen / (2) Lassen Sie uns doch das Problem gemeinsam (3) lößen / (4) lösen.

Lösungen
3yj26b

Getrennt- und Zusammenschreibung

> Im Deutschen werden Wörter voneinander getrennt geschrieben.

> Man muss nur 4 Regeln lernen, um zu wissen, was zusammengeschrieben wird.

Regel 1:
Ein Wort wird mit einem oder mehreren anderen Wörtern zusammengeschrieben, wenn es zwischen den Wörtern eine Beziehung gibt.

1 **Bilden Sie aus den Substantiven durch sinnvolle Kombinationen 6 neue Wörter und unterstreichen Sie jeweils das Grundwort.**
Beispiel: *Regen + Schirm = Regen<u>schirm</u>*

Tresor – Schloss – Zimmer – Schlüssel – Tür

2 **Bilden Sie drei mehrteilige Wörter mit den genannten Abkürzungen.**

IHK – LAN – WM – Abschluss – Party

3 **Notieren Sie die Sätze A–E. Fügen Sie dabei zusammengesetzte Substantive in die Lücken ein und schreiben Sie diese groß. Bilden Sie die Substantive aus den folgenden Wörtern.**
Beispiel: Licht – blau → *Blaulicht*

Absatz – klein – nah – Prüfung – über – Stadt – stellen – Teil – Verkehr – vor – Wert – Zahlen

A ⌐ In einer ▨ gibt es oft schlechte Anbindungen an den öffentlichen ▨.
B ⌐ Der große ▨ von Carsharing sind die geringen Wartungskosten.
C ⌐ Die ▨ der Sicherheit der Maschine findet regelmäßig statt.
D ⌐ Die ▨ sind ein Spiegel des Erfolgs.
E ⌐ Werbung hat einen hohen ▨ für eine Firma.

Zu 1:
Bei mehrteiligen Wörtern ist der letzte Bestandteil das **Grundwort**. Es zeigt auf, um welche Wortart es sich handelt (Substantiv, Adjektiv, Verb und Adverb).

Der erste Teil bestimmt in der Regel den zweiten und heißt **Bestimmungswort**.
Beispiel:

Schlosstür

Grundwort
Bestimmungswort (= bestimmt, um welche Tür es sich handelt)

Zu 2:
Enthält ein mehrteiliges Wort eine Abkürzung, wird es mit einem **Bindestrich** geschrieben.
Beispiel:
die km-Pauschale

R

4 Schreiben Sie die Sätze B–E neu und ergänzen Sie die Lücken, indem Sie die Wörter (1–4) mit „irgend-" oder „zu-" verbinden und sinnvoll einsetzen.

Beispiel A: Gab es *irgendwelche* Schwierigkeiten im Büro?

1 ein   **2** jemand   **3** letzt   **4** wann   **5** ~~welche~~

A | Gab es ▮ Schwierigkeiten im Büro?
B | ▮ am Nachmittag werden die Waren ausgeliefert.
C | Was ist ▮ verbucht worden?
D | ▮ vom Kundenservice muss den Auftrag bearbeiten.
E | Den Alarm hat ▮ Defekt ausgelöst.

Zu 4:
Zusammengesetzte Wörter mit folgenden **ersten Bestandteilen** schreibt man zusammen: bei-, der-, irgend-, nichts-, zu-, so-

5 Schreiben Sie die Sätze B–F neu und ergänzen Sie die Lücken, indem Sie die Wörter (2–6) mit „-mal", „-so" oder „-wo" verbinden und sinnvoll einsetzen.

Beispiel A: Der Vertrieb arbeitet *ebenso* viel wie die anderen Abteilungen.

1 ~~eben~~   **2** dies   **3** genau   **4** nirgend   **5** um   **6** zwei

A | Der Vertrieb arbeitet ▮ viel wie die anderen Abteilungen.
B | Die Rechnung wurde ▮ überprüft.
C | Diese Maschine funktioniert ▮ wie die andere.
D | Wenn ein Projekt gut geplant ist, fällt die Arbeit ▮ leichter.
E | Der Ausverkauf hat ▮ einen Monat früher begonnen.
F | Es war ▮ ein Ersatzgerät zu finden.

Zu 5:
Zusammengesetzte Wörter mit folgenden **zweiten Bestandteilen** schreibt man zusammen: -dessen, -dings, -falls, -halber, -mal, -mals, -seits, -so, -wegs, -weise, -wo, -zeit, -zeiten, -zu

6 Schreiben Sie die Sätze B–E ab. Ergänzen Sie die Lücken, indem Sie ein Wort aus 1 mit einem der spiegelverkehrt geschriebenen Wörter aus 2 verbinden und passend einsetzen. Schreiben Sie die Wörter klein.

Beispiel A: Das Baugerüst steht *meterhoch* vor dem Haus.

1 | hell – ~~meter~~ – nass – rutsch – stunden
2 | kalt – lang – grün – hoch – fest

A | Das Baugerüst steht ▮ vor dem Haus.
B | Die Fassade des Hauses wird ▮ gestrichen.
C | Zum Jahreswechsel wird das Wetter ▮.
D | Die Teamsitzung hat gestern ▮ gedauert.
E | In der Regel ist ein Fußboden im Eingangsbereich ▮.

Zu 6 und 7:
Ein **Adjektiv** schreibt man mit einem anderen Wort zusammen, wenn

– der erste Bestandteil den zweiten verstärkt,
Beispiel:
meterhoch

– die beiden Teile gleichwertig sind,
Beispiel:
rutschfest

– der erste Teil die Bedeutung des zweiten näher beschreibt oder bestimmt.
Beispiele:
dunkelrot, *säurefest*

7 Notieren Sie das passende Adjektiv, indem Sie Substantiv mit Verb oder Adjektiv verbinden. In zwei Fällen müssen Sie nach dem Substantiv ein Fugen-s einsetzen.
Beispiel A: *hitzebeständig*

A | standhalten bei großer Hitze   D | gefährlich für das Leben
B | geformt wie ein Kreis   E | bereit für den Einsatz
C | fertig für den Gebrauch   F | empfindlich gegen Licht

Merkwörter zu 4 und 5:

bedauerlicherweise	jederzeit		
beiseite	keinesfalls		
beizeiten	nichtsdestotrotz		
einfachheitshalber	unterwegs		
genauso	zuletzt		
irgendjemand	zurzeit		

Merkwörter zu 6 und 7:

angsterfüllt	fingerbreit	lichtempfindlich	stundenlang
bitterböse	gleichzeitig	maßgeblich	superschnell
blauäugig	hellblond	meterhoch	todsicher
butterweich	hitzebeständig	minderwertig	volljährig
dunkelrot	jahrelang	nasskalt	werbewirksam
einsatzbereit	kreisförmig	schneebedeckt	

8 Ergänzen Sie die Lücken in den Sätzen B-D, indem Sie die passenden Präpositionen (auf, ~~aus~~, durch, hinter) mit „einander" und einem passenden Verb (~~brechen~~, bringen, gehen, stoßen) verbinden.
Beispiel A: Bei diesem Gewicht kann der Karton leicht *auseinanderbrechen*.

A ⌐ Bei diesem Gewicht kann der Karton leicht ▦.
B ⌐ Wenn unterschiedliche Metalle ▦, droht Kontaktkorrosion.
C ⌐ Ein neuer Teamkollege kann ein Projekt völlig ▦.
D ⌐ Der Bürgersteig ist so schmal, dass man ▦ muss.

Zu 8:

Zusammengesetzte Adverbien

wie *aneinander, aufeinander, auseinander, durcheinander, hintereinander, nebeneinander* können mit einem Verb zusammengeschrieben werden.

Beispiel:

Wir werden die Packungen nach Größe sortiert **aneinanderreihen**.

9 Erstellen Sie eine Tabelle wie diese und notieren Sie die Verben in der korrekten Form in den entsprechenden Spalten.

~~rechtfertigen~~ – vollenden – widersprechen – befürworten

Infinitiv (Grundform)	Präsens (Gegenwart)	Präteritum (Vergangenheit)
rechtfertigen	ich rechtfertige	ich rechtfertigte
Perfekt (vollendete Gegenwart)	**Plusquamperfekt** (Vorvergangenheit)	**Futur I** (Zukunft)
ich habe gerechtfertigt	ich hatte gerechtfertigt	ich werde rechtfertigen

Zu 9:

Verben können mit Substantiven, Adjektiven und Partikeln (z.B. Präpositionen und Adverbien) verbunden werden.

Beispiele:
– *rechtfertigen* (Substantiv + Verb)
– *widersprechen* (Präposition + Verb)
– *vollenden* (Adjektiv + Verb)

Es wird immer zusammengeschrieben, wenn die Teile des Verbs beim Konjugieren (Beugen) ihre Reihenfolge nicht verändern.

10 Formulieren Sie die Sätze (A–C) um, indem Sie das Perfekt benutzen.
Beispiel: Die Firma ging bankrott. → *Die Firma ist bankrottgegangen.*

A ⌐ Der Deich hielt dem Wasser stand.
B ⌐ Nach dem Gespräch fuhr ich heim.
C ⌐ Die Kollegin mit den vielen Überstunden tat mir leid.

Zu 10:

Wenn der erste Bestandteil eines zusammengesetzten Verbs ein verblasstes Substantiv oder eine verkürzte Wortgruppe ist, schreibt man zusammen.

Beispiele:
– *leidtun* (= das Leid + tun)
– *bankrottgehen* (= in den Bankrott gehen)

Merkwörter zu 9 und 10:

bankrottgehen	bloßstellen	gewährleisten	(sich)	leidtun	stattfinden
bereithalten	fehlschlagen	heimzahlen	krankmelden	standhalten	teilnehmen

11 Schreiben Sie die Sätze A–E ab. Vervollständigen Sie die Sätze, indem Sie die Verben und Partikel zusammenschreiben und in der korrekten Verbform (Infinitiv oder Partizip) sinnvoll einsetzen.

Beispiel: *Bevor du gehst, musst du dich **abmelden**.*

Partikel: ~~ab~~ – an – aus – mit – zu – zurück

Verben: führen – ~~melden~~ – nehmen – schreiben – stimmen – zeigen

A ⌐ Die Angestellten müssen diesem Vorschlag noch ▪.

B ⌐ Bei einem wichtigen Telefongespräch sollte man nebenher ▪.

C ⌐ Auch ohne Kassenbon muss der Händler fehlerhafte Ware ▪.

D ⌐ Auf dem Display wurde eine Fehlermeldung ▪.

E ⌐ Wichtige Aufträge müssen sofort ▪ werden.

Zu 11:

Verben können mit Partikeln (z. B. Präpositionen und Adverbien) verbunden werden.

Diese Verbindungen werden

a) als **Infinitive**

b) als **Partizipien** und

c) am **Ende eines Nebensatzes** immer zusammengeschrieben.

Beispiele:

– *fortlaufen/fortzulaufen* (Infinitive)

– *Die fortlaufende Entwicklung* (Partizip I)

– *Er ist fortgelaufen.* (Partizip II)

12 **a)** Lesen Sie diesen Ausschnitt aus dem Wörterbuch.

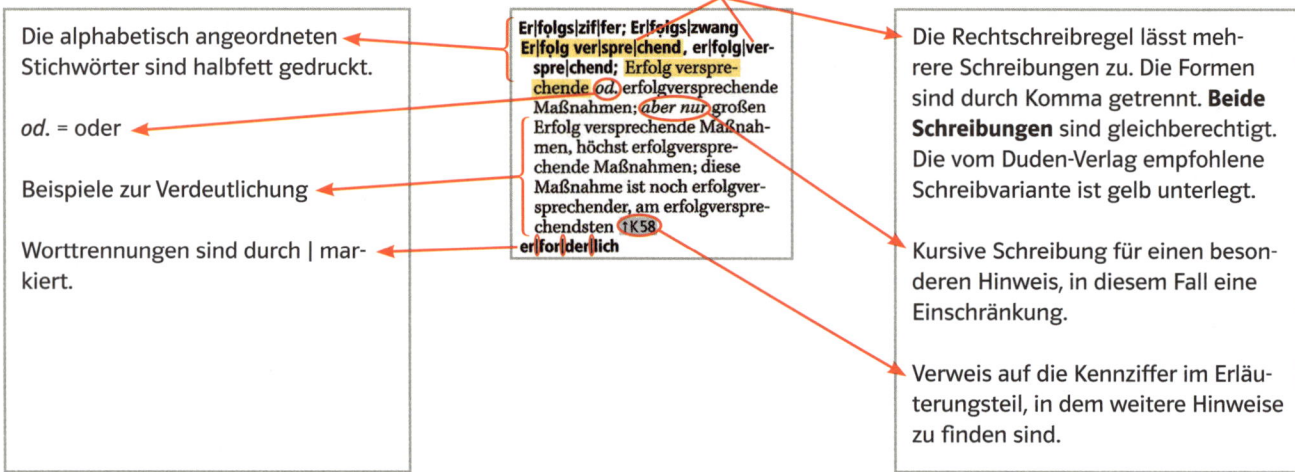

Die alphabetisch angeordneten Stichwörter sind halbfett gedruckt.

od. = oder

Beispiele zur Verdeutlichung

Worttrennungen sind durch | markiert.

Die Rechtschreibregel lässt mehrere Schreibungen zu. Die Formen sind durch Komma getrennt. **Beide Schreibungen** sind gleichberechtigt. Die vom Duden-Verlag empfohlene Schreibvariante ist gelb unterlegt.

Kursive Schreibung für einen besonderen Hinweis, in diesem Fall eine Einschränkung.

Verweis auf die Kennziffer im Erläuterungsteil, in dem weitere Hinweise zu finden sind.

b) Bilden Sie aus den Begriffen in der rechten Spalte ein Partizip und entscheiden Sie anhand der Wörterbuchangaben (Ausschnitt 1–5), wie der fehlende Begriff im jeweiligen Satz zu schreiben ist.

A ⌐ Dieses Grundstück ist eine äußerst ▪ Geldanlage. (den) Gewinn bringen

B ⌐ ▪ Kunden können sich an den Fachverkäufer wenden. (nach) Hilfe suchen

C ⌐ Bei der Betriebsversammlung sah man viele ▪ Kollegen. (den) Kopf schütteln

D ⌐ LKWs fahren bei jedem Wetter, auch auf ▪ Straßen. (mit) Schnee bedecken

E ⌐ Die ▪ Norm für einen Geschäftsbrief ist die DIN 5008. (das) Maß geben

F ⌐ Nach dem Unfall wurden alle ▪ Maßnahmen durchgeführt. (das) Leben retten

Ausschnitt 1

Ge|winn|an|teil; Ge|winn|aus|schüt-
tung; Ge|winn|be|tei|li|gung
ge|winn|brin|gend, Gewinn brin-
gend ↑K58: eine gewinnbrin-
gende *od.* Gewinn bringende
Investition; *aber nur* eine gro-
ßen Gewinn bringende Investition; eine äußerst gewinnbrin-
gende, noch gewinnbringendere
Investition

Ausschnitt 2

Schnee|ball|sys|tem (bestimmte, in
Deutschland verbotene Form
des Warenabsatzes; Schneeball-
prinzip)
schnee|be|deckt ↑K59
Schnee|bee|re (ein Strauch)

Ausschnitt 3

Le|bens|qua|li|tät; Le|bens|raum
le|bens|ret|tend; Le|bens|ret|ter;
Le|bens|ret|te|rin; Le|bens|ret-
tungs|me|dail|le
Le|bens|schick|sal; Le|bens-
span|ne
Le|bens|spur *meist Plur.;* Le|bens-
stan|dard; Le|bens|stel|lung;
Le|bens|stil; Le|bens|traum

Ausschnitt 4

Hil|fe|schrei; Hil|fe|stel|lung
Hil|fe su|chend, hil|fe|su|chend
↑K58; *aber nur* rasche Hilfe
suchend; den Hilfesuchenden
od. Hilfe Suchenden beistehen

Ausschnitt 5

Kopf|schmuck; Kopf|schup|pe *meist
Plur.;* Kopf|schuss
Kopf|schüt|teln, das; -s; kopf|schüt-
telnd
Kopf|schutz; Kopf|schüt|zer

Merkwörter zu 11:						Merkwörter zu 12:
ab	d(a)rauf	fort	hin	nieder	vornüber	atemberaubend
abwärts	darum	gegen	hinauf	über	vorüber	freudestrahlend
an	darunter	gegenüber	hinaus	überein	weg	kopfschüttelnd
auf	davon	her	hindurch	überhand	weiter	lebensrettend
aus	davor	herab	hinein	um	wieder	maßgebend
bei	dazwischen	heran	hinterher	umher	wider	schneebedeckt
da	durch	herauf	hinunter	umhin	zu	
dafür	ein	heraus	hinzu	unter	zurück	
dagegen	einher	herein	instand	vor	zusammen	
daher	empor	herüber	los	voran	zuvor	
dahin	entgegen	herum	mit	voraus	zuwider	
daneben	entlang	herunter	nach	vorbei	zwischen	
dar	entzwei	hervor	nebenher	vorher		

13 a) **Lesen Sie die zwei Artikel aus dem Wörterbuch.**

---

fal|len

– du fällst; er fällt
– du fielst; du fielest
– gefallen (vgl. d.)
– fall[e]!

Getrennt- und Zusammenschreibung ↑K55:

– ich habe den Teller fallen lassen (= losgelassen)
– die Maske fallen lassen (übertr. sein wahres Gesicht zeigen)
– er hat eine Bemerkung fallen lassen od. fallenlassen (seltener fallen gelassen od. fallengelassen)

Vgl. auch anheimfallen, leichtfallen, schwerfallen

---

schief

– sie macht ein schiefes (missvergnügtes) Gesicht; ein schiefer (scheeler) Blick
– schiefe (nicht zutreffende) Vergleiche
– in ein schiefes Licht geraten (falsch beurteilt werden)
– ↑K89: die schiefe Ebene; ein schiefer Winkel
– *aber* ↑K88: der Schiefe Turm von Pisa

Schreibung in Verbindung mit Verben ↑K56:

– schief sein; schief werden; schief sitzen, liegen, stehen, gehen, laufen; schief halten; jmdn. schief ansehen; schief urteilen; schief denken
– die Decke hat schief gelegen
– den Mund schief ziehen od. schiefziehen
– sie hat die Absätze schief getreten od. schiefgetreten
– er hat den Verband schief gewickelt; ein schief gewickelter od. schiefgewickelter Verband

Aber:
– da bist du aber schiefgewickelt (ugs. für sehr im Irrtum)
– die Sache ist [total] schiefgegangen (ugs. für misslungen)
– das Unternehmen ist [ziemlich] schiefgelaufen (ugs. für missglückt)
– da hast du wohl [ganz] schiefgelegen (ugs. für einen falschen Standpunkt vertreten)
– wir haben uns schiefgelacht (ugs. für heftig gelacht)

---

b) **Entscheiden Sie, welche Schreibweise in den folgenden Fällen für die Bedeutung des Satzes zutrifft.**

A ⌐ Ich habe im Gespräch eine Andeutung fallen lassen/fallenlassen, dass ich gern Urlaub machen möchte.

B ⌐ Ich habe die Anklage fallen lassen/fallenlassen.

C ⌐ Vor Schreck habe ich die Tasse fallen lassen/fallenlassen.

D ⌐ Ich musste den Plan wieder fallen lassen/fallenlassen.

E ⌐ Die Armbandage ist schief gewickelt/schiefgewickelt.

F ⌐ Wenn du denkst, ich räume dein Zeug weg, dann bist du schief gewickelt/schiefgewickelt.

G ⌐ Das Projekt ist leider schief gegangen/schiefgegangen.

H ⌐ Mit solchen Absätzen kann man doch nur schief gehen/schiefgehen.

I ⌐ Wir können in diesem Raum nicht zusammen arbeiten/zusammenarbeiten.

J ⌐ Bei diesem Projekt können wir endlich einmal zusammen arbeiten/zusammenarbeiten.

K ⌐ Soviel/So viel ich weiß, ist der Chef noch in der Konferenz.

L ⌐ Bitte trink nicht soviel/so viel Alkohol!

M ⌐ Ich habe zurzeit/zur Zeit kein eigenes Auto.

N ⌐ Zurzeit/Zur Zeit meiner Großeltern war Deutschland noch geteilt.

Zu 13:

Wenn man zusammenschreibt, kann sich die Gesamtbedeutung verändern.

Beispiele:

sitzen bleiben/sitzenbleiben:

– *In der U-Bahn sind alle sitzen geblieben.* (= wörtliche Bedeutung)
– *Ich bin in der Schule sitzengeblieben.*
– *Wir sind auf dem Obst sitzengeblieben.* (= übertragene Bedeutungen)

Regel 2:
Der Infinitiv mit „zu" und das Partizip werden bei Verben,
die in Einzelwörter trennbar sind, zusammengeschrieben.

1 Entscheiden Sie, welche Verben in einzelne Wörter trennbar sind,
welche nicht. Machen Sie dazu die Probe, indem Sie nach folgendem
Muster vorgehen.
Beispiele: zuhören → Ich höre zu. Ergebnis: *trennbar*
entspannen → Ich spanne ent. Ergebnis: *nicht trennbar*

A aufgeben   **D** teilhaben   **G** vollbringen
B missachten   **E** volltanken   **H** wiedersehen
C vorlesen   **F** kürzertreten   **I** entführen

Zu 1:
Es gibt Verben, die in einzelne Wörter
trennbar sind und Verben, die nicht in
einzelne Wörter trennbar sind.
Beispiele:

– *heraussuchen* (trennbares Verb):
  *Er **sucht** die Akten **heraus**.*

– *übersehen* (nicht trennbar):
  *Ich **übersehe** diesen Fehler nie.*

2 Schreiben Sie die Sätze ab. Bilden Sie mit den Wörtern (2–4) passende Verben im Infinitiv mit „zu".
Beispiel A: Ich habe vergessen, dir den Schlüssel *mitzugeben*.

1 ~~geben (mit)~~   **3** kommen (nach)
2 drücken (hinein)   **4** laufen (zurück)

A Ich habe vergessen, dir den Schlüssel .
B Du musst versuchen, den Metallstift vorsichtig .
C Wir fahren jetzt zum Kunden. Schaffst du es, in einer Stunde  ?
D Es ist zu spät, um jetzt noch .

Zu 2 bis 3:
Der **Infinitiv mit „zu"** wird bei einem
trennbaren Verb mit den anderen
Bestandteilen zusammengeschrieben.
Beispiel:

*Der Chef hat ihn gebeten, die Akten
heraus**zu**suchen.*

Bei nicht trennbaren Verben steht das
„zu" getrennt vor dem Verb.
Beispiel:
*Der Fehler ist nicht **zu** übersehen.*

3 Erstellen Sie eine Tabelle wie diese und bilden Sie von den Verben
A–D den Infinitiv mit „zu" und die Partizip-Formen

Infinitiv	Infinitiv mit zu	Partizip I	Partizip II
nachdenken	*nachzudenken*	*nachdenkend*	*nachgedacht*

A weggeben **B** hinauslaufen **C** eingießen **D** vorbeigehen

4 Schreiben Sie die Sätze B–E ab. Fügen Sie das passende Wort im
Infinitiv ein.
Beispiel A: Bei den Sonderangeboten lohnt es sich, schnell *zuzugreifen*.

schließen/zuschließen – stimmen/zustimmen – hören/zuhören –
~~greifen/zugreifen~~ – geben/zugeben

A Bei den Sonderangeboten lohnte es sich, schnell .
B Es ist ihm nicht leicht gefallen, seine Fehler .
C Der Abteilungsleiter hatte vergessen, seine Bürotür .
D Es blieb ihm nichts anderes übrig, als für den Antrag .
E Das Klopfen im Motorraum ist nicht mehr .

Zu 4:
Bei einem Verb mit der Vorsilbe „zu"
(betonte Silbe) wird der Infinitiv mit zu
zusammengeschrieben.
Beispiel:
zuhören → *Ihm fällt es schwer,
zuzuhören.*

Regel 3:
Wochentage mit Tageszeiten, Kardinalzahlen (Grundzahlen) unter einer Million und alle Ordinalzahlen (Ordnungszahlen) werden zusammengeschrieben.

1 Verbinden Sie den Wochentag mit der Tageszeit (~~Morgen~~ – Abend – Vormittag – Nachmittag – Mittag – Nacht) und schreiben Sie die Sätze entsprechend den Uhrzeitangaben in den Klammern neu.
Beispiel: Am Montag hatte ich einen Beratungstermin.
(7:30 Uhr) → Am **Montagmorgen** hatte ich einen Beratungstermin.

A Bis Dienstag habe ich an diesem Angebot gearbeitet. (12:30 Uhr)
B Am Mittwoch hatte ich ein Gespräch mit dem Chef. (10:10 Uhr)
C Bis Donnerstag sollte das Angebot vorliegen. (16:30 Uhr)
D Am Freitag haben wir alle den Abschluss gefeiert. (19:15 Uhr)
E Samstag konnte ich zufrieden einschlafen. (1:00 Uhr)

2 Fassen Sie die fett gedruckten Wörter in einem Begriff zur Zeitangabe zusammen.
Beispiel: Für **Dienstag**, und zwar **nachmittags**, wurde eine außerordentliche Teamsitzung angesetzt. → Dienstagnachmittag

A Die Waren sollten diesen **Donnerstag am Mittag** geliefert werden.
B Wenn die Angestellten **morgen – da haben wir Mittwoch** – ins Büro kommen, wird die Chefin ihnen ihre Entscheidung mitteilen.
C Am **Montag** kam es **am Nachmittag** im Betrieb zu einem Stromausfall.
D Die Tür lässt sich seit jenem **Abend am Donnerstag** nicht mehr schließen.
E Am **Vormittag** findet die Prüfung am **Freitag** statt.

Zur Großschreibung
siehe S. 8, Übung 15
und S. 13, Übung 27

3 Schreiben Sie die Zahlen in Buchstaben.
Beispiel: Jeder 100. Besucher bekommt einen Gutschein.
→ Jeder hundertste Besucher bekommt einen Gutschein.

Die Studie zeigt, dass Jugendliche im Alter von 12 bis 19 Jahren täglich 179 Minuten online sind. 75 Prozent der Befragten nutzen vor allem die Online-Communities.

4 Schreiben Sie die Zahlenangaben in Ziffern mit Bindestrich.
Beispiel: die achtzehn- bis zweiundzwanzigjährigen Berufsschüler
→ die 18- bis 22-jährigen Berufsschüler

A drei- bis viermal so hoch
B eine neuntägige Reise
C hundertprozentig sicher
D nach zweimonatiger Pause
E unser siebzigjähriges Jubiläum
F der Sechszylinder

Zu 4:

In **Zusammensetzungen** werden Zahlen in Ziffern mit **Bindestrich** geschrieben.
Beispiel:

eine zehnprozentige Erhöhung → eine **10-prozentige** Erhöhung

Regel 4:
Straßennamen (und Namen von Plätzen und Gebäuden etc.)
werden in der Regel zusammengeschrieben.

Die Regel gilt auch dann, wenn es sich um einen Personennamen handelt,
der auf „-er" endet. → Beispiel: *Alexanderplatz*

○ **1** **Notieren Sie die Straßennamen, indem Sie die Wörter in den
Klammern korrekt miteinander verbinden und großschreiben.**
Beispiel: (friedrich/straße) → *Friedrichstraße*

Mein Arbeitsweg
Vor fünf Jahren arbeitete ich in einem Büro in der **A** (chaussee/straße).
Jeden Morgen fuhr ich mit der U-Bahn zum **B** (mehring/damm) und
stieg dort in die U6 Richtung **C** (hausvogtei/platz). Zurück nahm ich
einen anderen Weg. Ich lief zum **D** (alexander/platz) und fuhr mit der
U8 über die **E** (jannowitz/brücke) und den **F** (moritz/platz) nach Hause
in die **G** (hamburger/straße).

Zu 1:
Die Ableitung eines Straßen-, Orts- oder
Ländernamens auf „er" schreibt man
getrennt.
Beispiel:
Frankfurter Straße

○ **2** **Schreiben Sie die Straßennamen korrekt, indem Sie die Vor- und
Zunamen mit den Substantiven „Straße" oder „Platz" in der richtigen
Reihenfolge verbinden.**
Beispiel: StraßeGoethevonJohannWolfgang
→ *Johann-Wolfgang-von-Goethe-Straße*

A	StraßeWillyBrandt	**C**	KennedyF.StraßeJohn
B	KonradStraßeAdenauer	**D**	EinsteinAlbertPlatz

Zu 2:
Besteht der erste Teil des Straßen-
namens aus **zwei oder mehr Namen**,
werden die einzelnen Wörter mit
Bindestrich geschrieben.
Beispiel:
Anna-von-Ostrau-Straße 8

○ **3** **Notieren Sie die spiegelverkehrt geschriebenen Wörter in korrekter
Weise.**

A englische straße
B spanische allee
C französische brücke
D holländische straße

Zu 3:
Straßennamen, die aus **verschiedenen
Wortarten** (z. B. auch einem gebeug-
ten Verb) bestehen, werden getrennt
geschrieben und folgen den üblichen
Regeln der **Groß- und Kleinschreibung**.
Das erste Wort eines Straßennamens
wird großgeschrieben.
Beispiele:
– *Alte Bernhauser Straße 7*
– *Unter den drei Linden 14*

○ **4** **Notieren Sie die Straßennamen in korrekter Weise. Beachten Sie
dabei die Groß- und Kleinschreibung.**

A aufderfischerinsel 10
B amlinkenufer 41
C breitestraße 126
D großehamburgerstraße 20

Test

Entscheiden Sie, welche Schreibweise nach den Ziffern 1, 2 richtig ist.

1	Vertrauliche Informationen dürfen nicht (1) Preis gegeben / (2) preisgegeben werden.
2	Am (1) Breitscheid Platz / (2) Breitscheidplatz muss man in die U1 umsteigen.
3	Für den Güterverkehr auf der Autobahn gilt eine (1) Lkw Maut / (2) Lkw-Maut
4	Wir müssen (1) super schnell / (2) superschnell sein, wenn wir den Termin noch einhalten wollen.
5	(1) So weit / (2) Soweit ich weiß, gibt es keine Probleme.
6	(1) Irgendjemand / (2) Irgend jemand hat die Tür abgeschlossen.
7	Man darf den Kunden nicht (1) irreführen / (2) irre führen.
8	Wir müssen noch einmal in den Betrieb (1) zurück fahren / (2) zurückfahren.
9	Das habe ich dir schon zum (1) xten / (2) x-ten Mal erklärt.
10	Die Reihenfolge sollte nicht (1) durcheinandergebracht / (2) durcheinander gebracht werden.
11	Der unkontrollierte Konsum hat (1) überhandgenommen / (2) überhand genommen.
12	Sie müssen das Missverständnis ganz schnell (1) klar stellen / (2) klarstellen.
13	Deine Kündigung wird dir noch (1) Leid tun / (2) leidtun.
14	Kannst du dich bitte morgen (1) bereit halten / (2) bereithalten?
15	Die (1) Mitglieder Versammlung / (2) Mitgliederversammlung ist am Mittwoch.
16	Der (1) Ludwig van Beethoven Platz / (2) Ludwig-van-Beethoven-Platz ist mitten in der Stadt.
17	Warum fällt es dir so schwer, einen Fehler (1) zu zugeben / (2) zuzugeben?
18	Können Sie bitte das Fenster (1) zu machen / (2) zumachen?
19	Der (1) 18Jährige / (2) 18-Jährige liegt im Krankenhaus.
20	Eine (1) soll Bruchstelle (2) Sollbruchstelle ist ein vorhergesehenes Konstruktionselement.
21	Der Vertrag muss spätestens (1) Freitag Nachmittag / (2) Freitagnachmittag bei dem Kunden sein.
22	Das Material ist (1) Hitze beständig / (2) hitzebeständig.
23	Ein Ergebnisprotokoll muss die wichtigsten Ergebnisse (1) wieder geben / (2) wiedergeben.
24	Ich bitte dich, den Brief (1) ab zu schicken / (2) abzuschicken.
25	Insgesamt darf man die Prüfung (1) 2mal / (2) 2-mal wiederholen.
26	Daraus kann man (1) Schluss folgern / (2) schlussfolgern, dass der Termin nicht einzuhalten ist.
27	Mit der termingerechten Abgabe konnte ich den Kunden (1) zufrieden stellen / (2) zufriedenstellen.
28	Man sollte (1) bei Zeiten / (2) beizeiten mit dem Lernen beginnen.
29	Die Maschine ist morgen (1) gebrauchsfertig / (2) Gebrauchs fertig.
30	Wir können das Regal in einer Stunde (1) zusammenbauen / (2) zusammen bauen.

Dehnung

Stimmt es, dass im Deutschen lange Vokale in der Schreibung nicht angezeigt werden?

Grundsätzlich stimmt das. Es gibt aber Wörter, die mit einem h, einem Doppelvokal oder e/eh die Dehnung anzeigen. Diese Wörter kann man schnell lernen.

Regel 1:
Ein Dehnungs-h kann nur vor m, n, l, r stehen.

○ **1** Finden Sie zu jedem der Wörter mit Dehnungs-h je 3 verwandte Wörter.
Beispiel: nehmen → *Aufnahme, aufgenommen* (o kurz gesprochen), *übernehmen*

A⌐ erwähnen B⌐ Wahl C⌐ mahlen D⌐ fehlen E⌐ Kohle

○ **2** Bilden Sie zu den Verben jeweils die Präteritumsform in der 3. Person Singular.
Beispiel: nehmen → *er/sie/es nahm*

A⌐ sehnen   C⌐ belehren   E⌐ empfehlen   G⌐ ausführen
B⌐ fahren   D⌐ einrahmen   F⌐ ermahnen   H⌐ zähmen

Zu 2:

Konjugierte Verben können nur dann ein Dehnungs-h enthalten, wenn im Präsens bereits eines steht.

◔ **3** Entscheiden Sie, welche der unterstrichenen Wörter wie angegeben geschrieben werden, und schreiben Sie die falsch geschriebenen Wörter in korrekter Rechtschreibung ab.

A⌐ In unserer Abteilung muss er <u>ziehmlich</u> oft die Post <u>hohlen</u>.
B⌐ Es <u>wahr</u> keine gute Idee, dem Kunden den <u>waren</u> Grund nicht zu nennen.
C⌐ Der <u>Plahn</u>, ein Loch in die Wand zu <u>bohren</u>, war nicht gut, denn wir stießen auf ein <u>Rohr</u>.
D⌐ Wir hätten die <u>Empfehlung</u> in der Anleitung <u>klahr</u> beachten sollen.
E⌐ Letzten <u>Mohnat</u> überstiegen die <u>Einnahmen</u> die Ausgaben deutlich.
F⌐ Wir konnten dieses <u>Mal</u> <u>bahr</u> <u>bezahlen</u>.

4 **Notieren Sie die Sätze mit dem korrekt geschriebenen Wort an der markierten Stelle.**

A ⌐ Etwas fremd klingende ▢ hatten sie, aber die Vertrauten in der Umgebung ▢ das gar nicht ▢. (NAMEN/NAHMEN/WAR/WAHR)

B ⌐ Ein üppiges ▢ ▢ das nicht, aber das eine ▢ konnte er sich damit abfinden. (MAL/MAHL/WAR/WAHR)

C ⌐ Sie hatte keine andere ▢, als das restliche Material auch zu ▢. (WAL/WAHL/HOLEN/HOHLEN)

D ⌐ Diese ▢ Steine haben einen isolierenden Effekt. (HOLEN/HOHLEN)

E ⌐ Sie ▢ sich das alles sehr schön aus. (MALTE/MAHLTE)

Zu 4:

Manchmal kann man herausfinden, wie man das Wort schreibt, indem man auf die **Bedeutung** des Wortes achtet.

Beispiele:
– *wahr* (richtig)
– *war* (Präteritumsform von sein)
– *mahlen* (zerkleinern)
– *malen* (mit Farbe arbeiten)

5 **Schreiben Sie den Text ab. Notieren Sie dabei die Wörter korrekt, bei denen das nötige Dehnungs-h fehlt.**

Letzte Woche habe ich wieder etwas Interessantes erfaren. Bären, Hünern und Walen felt die menschliche Sprache. Studien leren uns, dass diese Tiere aber auch one menschliche Sprache miteinander kommunizieren. Eine kürzlich durchgefürte Studie zeigt nun: Offenbar kommunizieren Pferde nicht nur – wie wir Menschen – mit den Augen, sondern auch mit iren Oren. Die Warnehmung hängt wol von der Ausrichtung irer Oren ab. Das interessiert Sie nicht die Bone? Wer weiß, vielleicht fürt mer Forschung eines Tages an die waren Fragen des Menschseins.

Zu 5:

Die Pronomen *ihn, ihr, ihnen, ihren, ihres, ihrer* enthalten ein Dehnungs-h.

6 **Bilden Sie aus den einzelnen Bestandteilen A–H und den Silben 1–8 Fremdwörter und schreiben Sie diese korrekt auf. Unterstreichen Sie den lang gesprochenen Vokal.**

A ⌐	Kommen	E ⌐	Referen	1 ⌐	torin	5 ⌐	ion
B ⌐	Akt	F ⌐	Kult	2 ⌐	tar	6 ⌐	ion
C ⌐	Direk	G ⌐	Struk	3 ⌐	ur	7 ⌐	tur
D ⌐	Operat	H ⌐	Prob	4 ⌐	dar	8 ⌐	lem

Zu 6:

Fremdwörter enthalten kein Dehnungs-h.

Merkwörter mit h:

ahnen	mehr
bohren	Wahl
hohl	wahr/Wahrheit
kahl	wahren
mahlen (zerkleinern)	Wohnung

Merkwörter ohne h:

holen	malen (mit Farbe gestalten)	Schnur
hören		sparen
Kram	Name (nämlich)	spülen
Mal (Narbe, Kennzeichen)	Schale	stören
	schmal	stur

Regel 2:
Das lang gesprochene i wird in deutschen Wörtern meist mit -ie geschrieben.

○ **1** **Schreiben Sie die Wörter richtig, in denen die Vokale falsch sind.**

A. lober gleich als na.
B. Verschabe nichts auf morgen.
C. Probaren geht über Studaren.
D. ein rusiges Problem
E. immer wader dasselbe

F. zümlich oft
G. Ich bitte volmals um Ent-schuldigung.
H. Den Zugangscode darf man nicht verlaren.

○ **2** **Notieren Sie jeweils mindestens ein weiteres Wort mit dem gleichen Wortstamm (fett gedruckt).**
Beispiel: **vier**teln → *vierundzwanzig*

A. **gier**ig B. **sieb**zig C. **schieb**en D. **tier**isch E. **bieg**en

◑ **3** **Notieren Sie zu den Verben die Präteritumsform.**
Beispiel: raten → *Sie riet*

A. bleiben C. gefallen E. schlafen G. schweigen
B. heißen D. halten F. steigen H. rufen

◑ **4** **a) Schreiben Sie jeweils ein Substantiv mit dem gleichen Wortstamm auf.**

A. garantieren C. fotografieren E. industriell
B. ökologisch D. allergisch F. fantastisch

b) Schreiben Sie jeweils ein Verb mit dem gleichen Wortstamm auf.

A. Analyse C. Blamage E. stabil
B. Alarm D. interessant F. experimentell

Zu 4 bis 5:
Fremdwörter (Substantive), die ein lang gesprochenes i im Auslaut haben, werden mit -ie am Ende geschrieben. Diese Schreibung gilt auch für Verben auf -ieren.

● **5** **Notieren Sie das jeweilige Fremdwort zur Umschreibung.**

A. eine geniale Person
B. eine Mehrfertigung
C. Spielleitung beim Film, Fernsehen
D. Sucht, Besessenheit
E. Wird in Kilojoule gemessen

F. Das Gegenteil von Praxis
G. Lehre von der Wirtschaft
H. Buch über eine Lebensge-schichte

◑ **6** **Schreiben Sie die Silben mit der richtigen Endung.**

A. Term█ D. Mediz█ G. Diszipl█ J. Kab█
B. Masch█ E. Vitam█ H. Rout█ K. Turb█
C. Kam█ F. Magaz█ I. Mandar█ L. Vitr█

Zu 6:
Fremdwörter, die auf -in oder -ine en-den, werden nicht mit ie geschrieben.

7 Notieren Sie die gekennzeichneten Wörter in der richtigen Schreibweise.

A ⌐ Wir hatten ein großes Problem mit unserer neuen Maschi(e)ne.
B ⌐ Sie wurde erst kurz zuvor angeli(e)fert und funktioni(e)rte zu Beginn auch wi(e) gewünscht.
C ⌐ Doch plötzlich fi(e)ng di(e)se an, komische Geräusche zu produzi(e)ren.
D ⌐ Wir dachten schon, wir müssten alles repari(e)ren lassen.
E ⌐ Unser Chef bekam fast die Kri(e)se, was sonst eigentlich nicht sein Sti(e)l war.
F ⌐ Aber dann fi(e)l uns etwas Eigenarti(e)ges auf.
G ⌐ Unter dem Gerät kni(e)rschte es eigenarti(e)g.
H ⌐ Ein Ti(e)r hatte sich eine Vorratskammer in einer Ni(e)sche angelegt.
I ⌐ Wir li(e)ßen alles von der Herstellerfi(e)rma reinigen, hi(e)rnach waren die Geräusche verschwunden.

Zu 7 bis 8:

Wenn Sie unsicher in der Schreibung sind, schlagen Sie in einem Wörterbuch nach.

8 Bilden Sie mit einem Wort aus A–F und einem passenden Wort 1–6 ein zusammengesetztes Wort.

A ⌐ Augen   C ⌐ Bleistift   E ⌐ Musik
B ⌐ Kinder   D ⌐ Unschuld(s)   F ⌐ Rosen

1 ⌐ Stiel   3 ⌐ Stil   5 ⌐ Lied
2 ⌐ Miene   4 ⌐ Lid   6 ⌐ Mine

9 Finden Sie im folgenden Raster 12 korrekt geschriebene deutsche Wörter mit Doppelvokalen und schreiben Sie diese heraus.

Zu 9:

Es gibt nur wenige deutsche Wörter, in denen die Dehnung durch einen Doppelvokal angezeigt wird.
Nur die Vokale a, e und o werden verdoppelt.

K	H	I	E	H	E	E	R	T	S	C	H	N	E	E
W	A	T	E	E	U	L	M	B	B	N	V	Z	M	D
O	A	Z	P	Y	I	P	E	O	B	E	E	T	B
D	R	H	H	Z	Q	A	E	O	E	M	D	V	P	T
L	W	M	O	O	S	A	R	T	R	T	B	G	A	W
I	D	E	Q	O	J	R	P	A	E	D	T	E	E	R

Merkwörter:

Aal	Boot	Meer	Lied	Maschine
Haar	Moor	Schnee	Miene (Gesichts-	Mine (z. B. Bergwerk,
Paar	Moos	Seele	ausdruck)	Schreibgerät)
Saal	Beere	Tee	Schiene	Routine
Staat	Idee	Fieber	Stiel (z. B. einer	Stil (schreiben)
Waage	leer		Pflanze)	Benzin

Test

Entscheiden Sie, welche Wörter nach den Ziffern 1, 2 und 3, 4 korrekt geschrieben sind.

1	Sie (1) sehnte / (2) sente sich nach (3) mehr / (4) meer als einer beiläufigen Erklärung.
2	In (1) irer / (2) ihrer Abteilungsbesprechung musste sie sich eines Besseren (3) beleeren / (4) belehren lassen.
3	Ein (1) par / (2) paar Sätze hätte er über ihr Engagement schon (3) verlieren / (4) verliren können.
4	Der Tipp (1) kam / (2) kahm von der Konkurrenz, die uns diese Vorgehensweise (3) empfal / (4) empfahl.
5	Bei dem Beratungsgespräch (1) fülte / (2) fühlte er sich wie in einer (3) verkerten / (4) verkehrten Welt.
6	Er will seine (1) Allergie / (2) Allergi (3) aktiv / (4) aktiev bekämpfen.
7	Viele (1) nahmen / (2) namen diese Preisaktion gar nicht (3) war / (4) wahr.
8	Er (1) liferte / (2) lieferte eine treffende Analyse der gegenwärtigen (3) Kriese / (4) Krise.
9	Dass (1) Wahre / (2) Ware in einwandfreiem Zustand sein muss, braucht man nicht (3) erwänen / (4) erwähnen.
10	Das (1) gefihl / (2) gefiel ihr (3) garantiert / (4) garantirt nicht.
11	Der (1) Anstieg / (2) Anstig der Umsätze im vergangenen Jahr wurde als zu (3) niedrig / (4) nidrig eingeschätzt.
12	Oft (1) siet / (2) sieht man das (3) Naheliegende / (4) Naheliehgende nicht.
13	Nach dieser (1) Prozeduhr / (2) Prozedur (3) felte / (4) fehlte ihm einfach der Mut.
14	Man kann sich ausmalen, mit welcher (1) Mine / (2) Miene sie den Raum (3) verließen / (4) verließen.
15	Wir (1) informiren / (2) informieren Sie schnellstmöglich über die (3) Lieferzeiten / (4) Liferzeiten.
16	Die (1) Garantieleistungen / (2) Garantileistungen erweisen sich als (3) risiges / (4) riesiges Problem.
17	Die (1) Maschine / (2) Maschiene (3) funktionierte / (4) funktionirte leider nur einen Tag lang.
18	Es ist bekannt, dass bei dieser Behörde die (1) Mülen / (2) Mühlen langsam (3) malen / (4) mahlen.
19	In diesem Fall (1) lont / (2) lohnt sich die Anschaffung eines (3) Borständers / (4) Bohrständers.
20	Er hat (1) nämlich / (2) nähmlich (3) ausnamsweise / (4) ausnahmsweise richtig geraten.

🌐 **Lösungen**
965s3r

Konsonantenverdopplung (auch ck, tz)

> Das ist richtig. Aber drei Regeln helfen zu erkennen, wann ein Doppelkonsonant, ck oder tz geschrieben werden.

> Im Deutschen sind grundsätzlich bestimmte Laute bestimmten Buchstaben zugeordnet. Aber einen Doppelkonsonanten spricht man doch nicht doppelt.

Regel 1:
Folgt auf einen betonten kurz gesprochenen einfachen Vokal im Wortstamm nur ein Konsonant, wird der Buchstabe für diesen Konsonanten verdoppelt.

○ **1**   **a) Notieren Sie jeweils den Wortstamm der folgenden Wörter.**

A ⌐ Treffer, treffend, treffen, antreffen, betreffen, zutreffen
B ⌐ hallen, Halle, hallend, Hallen, verhallen
C ⌐ bestimmen, stimmen, Bestimmung, bestimmbar, stimmig, Stimme

    b) Sprechen Sie die Wörter halblaut vor sich hin. Entscheiden Sie, ob der erste Vokal im Wort lang oder kurz gesprochen wird. Übertreiben Sie die Länge bzw. Kürze.

A ⌐ raten – Ratten	D ⌐ treten – retten	G ⌐ schwelen – schwellen
B ⌐ Kamm – kam	E ⌐ wenn – wen	H ⌐ den – denn
C ⌐ Schaf – schaff	F ⌐ offen – Ofen	I ⌐ las – lass

○ **2**   **Schreiben Sie die fehlenden Formen des Präsens (in A) bzw. Präteritums (in B) auf.**

A ⌐ ich *fälle*; du ▮; er, sie, es ▮; wir ▮; ihr *fällt*; sie ▮
B ⌐ ich ▮; du *trenntest*; er, sie, es ▮; wir ▮; ihr ▮; sie *trennten*

Zu 1:

Der Wortstamm ist der bedeutungstragende Teil eines Wortes nach Abtrennung aller Elemente der Wort- und Formbildung.

Beispiel:

Be-**streb**-ung-en
(Wortstamm: *streb*)

Zu 2 bis 4:

Die Verdoppelung des Konsonanten im Wortstamm bleibt auch bei der Flexion und verwandten Wörtern erhalten, wenn der Vokal im Wortstamm weiterhin kurz gesprochen wird.

Beispiele:

– ich scha**ff**e, du scha**ff**st
– scha**ff**ensfreudig, Scha**ff**ung
Aber: Er **schuf** (lang gesprochen)

Vorsicht: insgesa*m*t, ma*n*

○ **3** Notieren Sie jeweils fünf Wörter mit dem fett markierten Wortstamm.

A ┘   B ┘

kennen   **tipp**en

● **4** Schreiben Sie die falsch geschriebenen Wörter korrekt.

A ┘ Servietten fallten   F ┘ die Retturntaste drücken
B ┘ das Gefälle verkleinern   G ┘ die Maschine anhalten
C ┘ die Kasse verwalten   H ┘ In diesem Raum halt es sehr.
D ┘ einen Wal aufschütten   I ┘ Sellten klapt alles.
E ┘ den Rettungswagen bestellen   J ┘ Sie hollte ihn ein.

● **5** Bilden Sie aus den englischen Wörtern im Deutschen gebräuchliche Verben.

A ┘ the job   C ┘ the mob   E ┘ to tip
B ┘ the scan   D ┘ to split   F ┘ to trim

Zu 5:
Aus dem englischen Sprachgebrauch abgeleitete **Verben** passen sich häufig der Verdoppelungsregel im Deutschen an.

Regel 2:
In den deutschen Wörtern wird k als ck, z als tz verdoppelt.

○ **1** Schreiben Sie die Wörter mit den falsch verwendeten Konsonanten korrekt.

A ┘ Seine Warenkenntnisse waren lügenhaft.
B ┘ Bei dieser Kälte im Stau benötigten sie die Degen.
C ┘ Sie hasste dieses zigige Benehmen.
D ┘ Er alarmierte gleich den Werckartzt.
E ┘ Schon wankend stüzte sie sich am Geländer ab.
F ┘ Sie bevorzugten eine verkürtzte Mittagspause.
G ┘ In der Kürze liegt die Würtze.
H ┘ Laut Beschreibung war das Gefäß hitztebeständig.

● **2** Finden Sie jeweils das Wort, das in der Schreibweise nicht in die Reihe passt.

A ┘ Decke – Rückhalt – anecken – anekeln – Überblick
B ┘ verletzt – Mütze – Münze – platzieren – Kratzspuren
C ┘ herzen – hetzen – schmutzig – zuletzt – geschwätzig
D ┘ hacken – Packstation – leckgeschlagen – tackern – Haken

Regel 3:
Die Endungen -in und -nis sind zwar nicht betont, aber der
Endkonsonant wird im Plural verdoppelt.

1 Notieren Sie den Plural.

A Hindernis C Fahrerin E Verkäuferin G Verhältnis
B Helferin D Geständnis F Elektronikerin H Assistentin

2 Zergliedern Sie diese Wörter nach dem folgenden Muster:
Beispiel: Hanffaser → *Faser des Hanfs*

A Deckenneigung C Zeugnissprache E Ergebnissicherung
B Holzzuschnitt D Fingerring F Rottönung

3 Bilden Sie drei zusammengesetzte Wörter, sodass drei gleiche Konsonanten aufeinanderfolgen.

Baumwolle – Schiff – Werkstatt – Temperatur – Fahrt – Laken

4 a) Ordnen Sie die Begriffe in der linken Spalte einer Erklärung in der
rechten Spalte zu.
Beispiel: A 7

A akkurat 1 Befehlsgewalt
B Akkord 2 Beauftragter, Dienstbezeichnung
C Akkumulator 3 Ausschuss
D Kollision 4 Bemessung nach Stückzahl
E Kommando 5 Gemeinde
F Kommission 6 Zusammenstoß
G Asymmetrie 7 sorgfältig
H Kommerz 8 Fehlen spiegelbildlicher Übereinstimmung
I Kommune 9 Stromspeicher
J Kommissar 10 Handel und Geschäftsverkehr

b) Notieren Sie zu den Wörtern G–J je ein Adjektiv mit gleichem
Wortstamm.
Beispiel: Kollege → *kollegial*

Zu 1:
Auch im Genitiv Singular der Wörter auf
-nis wird der Endkonsonant verdoppelt.
Beispiel:
des Zeugnisses

Zu 2 bis 3:
Vorsicht:
Es gibt Wörter, in denen zwei oder gar
drei gleiche Konsonanten aufeinander-
folgen, weil das Wort aus mehreren
Wörtern zusammengesetzt ist. Dabei
handelt es sich also nicht um eine Kon-
sonantenverdoppelung.
Beispiel:
Hanffaser (= Hanf + Faser)
Sauerstoffflasche (= Flasche gefüllt
mit Sauerstoff)
Nur bei „Stoff" liegt eine
Konsonantenverdoppelung vor.

Zu 4:
Fremdwörter folgen in manchen Fällen
auch den Regeln der deutschen Konso-
nantenverdoppelung.
Beispiele:
Debatte, Interesse, Protokoll

Oft ist aber die Häufung gleicher
Konsonanten nur auf der Grundlage der
Wortbildung in der Fremdsprache zu
erklären.
Beispiele:
Kollegialität, Attribut

Merkwörter:

(sie) fällt	(es) hallte	zuletzt	Appell	Kommission	Pizza
(sie) faltet	insgesamt	Metzger	Attest	Kommunikation	Razzia
(ich) halte	Geiz	Akkord	Kommentar	Konkurrenz	
(du) hältst	reizen	Akku(mulator)	Kommerz	Symmetrie	

Test

Entscheiden Sie, welche Wörter nach den Ziffern 1, 2, 3 korrekt geschrieben sind.

1	Die (1) Inenräume waren mit flexiblen (2) Trenwänden (3) abgegrenzt.
2	Die Wände (1) wirrkten (2) schalisolierend und (3) schaften ein angenehmes Klima.
3	(1) Debaten (2) konnten ungestört geführt werden, (3) wen nicht übertrieben laut gesprochen wurde.
4	(1) Mann hörte nur ein leises (2) Brummen aus den Nebenräumen.
5	Nur nach Vorlage einer (1) ärtztlichen Bescheinigung ist eine (2) Rükvergütung möglich.
6	(1) Troz der großen (2) Hizze am (3) Arbeitsplazt waren sie rundum zufrieden.
7	Das (1) Lekk in der Leitung hatten sie im Nu (2) entdekt.
8	Beim (1) Paken hat das (2) Möbelstük einige (3) Maken abbekommen.
9	Den (1) Schatten, (2) denn du hier siehst, (3) kanst du vermeiden.
10	(1) Fält nämlich das Licht von dieser Seite auf die Wand, (2) trit eine (3) völlig andere Wirkung ein.
11	Bis (1) zulezt hat er an dem Text gefeilt und ihn (2) gekürtzt.
12	Mit seinen (1) trotzigen Bemerkungen (2) eckt er überall an.
13	Er (1) hezt zwar nicht, (2) spitzt aber seine Aussagen immer gerne zu.
14	(1) Jezt (2) blockt er ab.
15	Ich habe den Rechnungsbetrag nun (1) aufgesplittet und beide Seiten (2) eingescant.
16	In diesem Beruf ist (1) Mobing schon häufig (2) aufgetretten.
17	Die (1) Arbeitsverhältnise haben sich für die (2) Helferinen gewaltig geändert.
18	Wegen seines schlechten (1) Zeugnises arbeitet er vorläufig als (2) Pizzaauslieferer.
19	Sehr (1) komunikativ muss er dabei nicht sein und im (2) Akord muss er auch nicht arbeiten.
20	(1) Komerziell gesehen ist dieser Auftrag (2) interessant.
21	Setz den (1) Akku in Betrieb und schalte den (2) Temperaturegler ein.
22	Die Art des Wirtschaftens (1) kollidiert mit der geforderten (2) gewinneutralen Ausrichtung.
23	In seinen (1) Aussagen hat sie eine (2) unterschwelige Kritik (3) wahrgenomen.
24	Sie (1) kante diesen Unterton in seiner (2) Stimme, (3) den sie waren alte Freunde.
25	(1) Wen du die (2) Kannten gleichmäßig (3) abnimst, sieht das schöner aus.
26	Mit einer guten (1) Dämung (2) halt der Raum (3) wenniger.
27	Seine (1) Preisgestalltung war von (2) Raffgier (3) bestimt.
28	Er (1) wolte fair sein, aber (2) offensichtlich gelang ihm das nur (3) sellten.
29	Seine (1) gesammte (2) Einstelung war (3) immer widersprüchlich.
30	Einerseits (1) hoffierte er die (2) Kunnden, anderseits (3) verprelte er sie.

🌐 **Lösungen**
62q7zd

Lautschreibung

> Man sagt immer, dass im Deutschen so geschrieben wird, wie man spricht. Aber da habe ich dann doch meine Zweifel.

> Grundsätzlich schreibt man, wie man spricht. Richtig ist aber, dass manche Wörter anders klingen, als man sie schreibt. Hier muss man jedoch nur wenige Ausnahmen beachten.

Regel:

Im Deutschen sind grundsätzlich bestimmte Laute bestimmten Buchstaben zugeordnet. So ist zum Beispiel der Laut [a] dem Buchstaben a, der Laut [b] dem Buchstaben b zugeordnet.

1　a)　Verlängern Sie die Wörter, um die Schreibweise des fettgedruckten Konsonanten zu rechtfertigen.

A⌐ Ba**d**　　B⌐ Bran**d**　　C⌐ Sta**b**　　D⌐ lie**b**　　E⌐ We**g**　　F⌐ Ste**g**

b)　Schreiben Sie das Wort jeweils mit der korrekten Endung (-and/-ant oder -end/-ent) und verlängern Sie es.

A⌐ Praktik▢　　　D⌐ Dokum▢　　　G⌐ Liefer▢
B⌐ Konsum▢　　　E⌐ Tug▢　　　　H⌐ Dutz▢
C⌐ Demonstr▢　　F⌐ Fabrik▢　　　I⌐ Verb▢

2　Notieren Sie die Fremdwörter und vervollständigen Sie in A Vokale und in B Konsonanten.

A⌐　1 K▢nfl▢kt　　　4 T▢mp▢r▢t▢r　　7 ▢mp▢ls▢v
　　2 K▢rr▢kt▢r　　　5 Ant▢b▢▢t▢k▢m　8 ▢nd▢skret
　　3 p▢ss▢v　　　　6 Pl▢k▢t　　　　9 Ang▢n▢

B⌐　1 Re▢a▢a▢ur　　4 ra▢i▢al　　　7 De▢o▢ra▢
　　2 Pa▢ri▢a　　　5 se▢a▢at　　　8 Ka▢a▢
　　3 Stru▢▢ur　　6 an▢i▢　　　　9 e▢a▢t

Zu 1:

Ist man sich unsicher, welcher Buchstabe geschrieben wird, wird das Wort verlängert, da sich der Konsonant beim Verlängern nicht verändert.

Beispiel:

Wald → *Wälder* („d" gesprochen als Laut **d**)

Dies gilt auch für -ant, -and sowie -end und -ent.

Manche Fremdwörter aus dem Englischen oder Französischen behalten die Aussprache und ursprüngliche Schreibung bei.

Diese muss man lernen.

Beispiele:

– *Engagement* (aus dem Französischen)
– *Management* (aus dem Englischen)

Zu 2:

Die Regel zur Lautschreibung gilt auch für Fremdwörter.

3 Korrigieren Sie die falsche Schreibung der Endungen.

A ⌐ Es hört sich vielleicht dämlich an, aber das einzich Wahre ist doch, den Menschen eine Freude zu machen.

B ⌐ Das Richtiche vom Falschen zu unterscheiden ist oft schwierich.

C ⌐ Die Erwartung an die Lösung der Probleme ist oft gewaltich, auch wenn die Probleme eigentlich riesich sind.

4 Schreiben Sie die Wörter korrekt mit den Buchstaben t oder d.

A ⌐ to ▢ diskutieren C ⌐ to ▢ müde

B ⌐ to ▢ schlagen D ⌐ to ▢ krank

5 Entscheiden Sie, ob das Wort mit „Ende" zusammenhängt und schreiben Sie die Wörter mit der richtigen Silbe groß (Substantive) oder klein.

A ⌐ ▢ lich C ⌐ ▢ setzt E ⌐ ▢ schuldigung G ⌐ ▢ behrung

B ⌐ ▢ fernung D ⌐ ▢ zündung F ⌐ ▢ ergebnis H ⌐ ▢ gültig

6 Entscheiden Sie, ob es sich um eine Form des Verbs „sein" handelt und ergänzen Sie entsprechend „seid" oder „seit".

A ⌐ Ihr ▢ erst ▢ Kurzem wieder im Büro.

B ⌐ ▢ ihr die Arbeit erledigt, können wir uns über das Ergebnis freuen.

C ⌐ Arbeitet ihr ▢ gestern oder ▢ letzter Woche in der Werkstatt?

D ⌐ Wenn Ihr bereit ▢, dann können wir die Besprechung beginnen.

7 Notieren Sie in A–I das Wort, das aufgrund der Schreibweise passt.

A ⌐ Gestern (Boot/bot) mir unser Personalchef eine Gehaltserhöhung an.

B ⌐ Ich fand das eine sehr nette (Geste/Gäste).

C ⌐ Die Erhöhung war schon lange (fellig/fällig).

D ⌐ (Häute/Heute) kam nun der Personalchef wieder zu mir.

E ⌐ Er (sah's/saß) mir gegenüber.

F ⌐ Es (Feld/fällt) mir normalerweise nicht schwer, Fehler zuzugeben.

G ⌐ In der Besprechung (viel/fiel) der Name nicht ein einziges Mal.

H ⌐ Er ist Bäcker mit (Leib/Laib) und Seele.

I ⌐ (Anstadt/Anstatt) eine Weihnachtsfeier zu veranstalten, spendet unsere Abteilung jedes Jahr Geld für die (stättischen/städtischen) Kinder(tagesstädten/tagesstätten).

Zu 3:

Das korrekt gesprochene [-ich] wird im Deutschen in Adjektiven und Substantiven am Wortende -ig geschrieben. Beim Verlängern der Wörter hört man den Buchstaben eindeutig, der geschrieben wird.

Beispiel:
– *Essig* (gesprochen: -ch)
– *Essige* (gesprochen: g)

Zu 4:

Bei zusammengesetzten Verben schreibt man die Laute tot-, bei zusammengesetzten Adjektiven tod-.

Zu 5:

Hängt die Silbe -end mit dem Wort „Ende" zusammen, schreibt man sie end-.
In allen anderen Fällen schreibt man ent-.

Zu 6:

Bei „seid" handelt es sich um eine konjugierte Form des Verbs „sein", „seit" gibt einen Zeitpunkt oder eine Dauer an.

Zu 7:

Oft kann man herausfinden, wie man das Wort richtig schreibt, indem man auf die **Bedeutung** des Wortes achtet.

Merkwörter:

endlich	todschick	Stätte (Stelle)	anstatt (anstelle)	Praktikant	Engagement
Entscheidung	Stadt	hoffentlich	Konsument	Konfirmand	Management
					Chance

Test

Entscheiden Sie, welche der Schreibweisen nach den Ziffern 1, 2, 3, 4 korrekt ist.

1	Der (1) Praktikant / (2) Praktikand prüfte den (3) Warenbestant / (4) Warenbestand.
2	Es war (1) indisskreet / (2) indiskret, dieses (1) Dokumend / (2) Dokument vorzulesen.
3	Unser Chef lag mit seiner Vermutung (1) induitiv / (2) intuitiv (3) richtig / (4) richtich.
4	Die (1) geplanden / (2) geplanten Änderungen am Vertrag sind (1) unwesentlich / (2) unwesentlig.
5	Schon (1) seit / (2) seid einer Woche liegt das (3) Angebot / (4) Angebod vor.
6	Einige waren über den (1) ausgehantelten / (2) ausgehandelten Preis (3) endsetzt / (4) entsetzt.
7	Er war nicht (1) todkrank / (2) totkrank, er könnte (3) entlich / (4) endlich wieder arbeiten.
8	Wir dürfen die (1) Kridik / (2) Kritik an unserem Produkt nicht (3) totschweigen / (4) todschweigen.
9	Der gesamte (1) Mitarbeiterstap / (2) Mitarbeiterstab (3) fant / (4) fand sich ein.
10	Wenn ihr bereit (1) seid / (2) seit, können wir morgen mit dem (3) Brojekt / (4) Projekt beginnen.
11	(1) Anstatt / (2) Anstadt unserer Auslandsniederlassung einen Besuch (3) abzustadten / (4) abzustatten, organisierten sie eine Stadtbesichtigung.
12	Es (1) feld / (2) fällt schwer, diesen (3) Ratschlag / (4) Radschlag zu befolgen.
13	Das ist als einladende (1) Gäste / (2) Geste des (3) Lieferanten / (4) Lieferanden zu sehen.
14	Ein Teil der (1) Stattverwaltung / (2) Stadtverwaltung ist noch im alten (3) Radhaus / (4) Rathaus untergebracht.
15	Bei diesen (1) Temperaturen / (2) Temparaturen hatte er einen schweren (3) Stant / (4) Stand.
16	In diesem Fall ist die Einnahme des (1) Antibiotikums / (2) Andibiotikums (3) riskand / (4) riskant.
17	Die Reberatur / (2) Reparatur dieses Geräts ist (3) sünthaft / (4) sündhaft teuer.
18	Die Kurse (1) vielen / (2) fielen dramatisch, (3) weidaus / (4) weitaus stärker als erwartet.
19	Es ist sinnvoll, dieses (1) Broplem / (2) Problem (3) seperat / (4) separat anzugehen.
20	Der (1) Vorstant / (2) Vorstand überreichte ihr einen (3) bund / (4) bunt gemischten Warenkorb.

Zeichensetzung

Mit den Satzzeichen trennt man Sinneinheiten und erleichtert dadurch das Lesen. Man muss sich nur 7 Regeln merken.

Warum ist die Zeichensetzung eigentlich so wichtig?

Regel 1:
Hauptsätze werden durch Satzzeichen (Punkt, Komma bzw. Semikolon, Frage- oder Ausrufezeichen) getrennt.

Sind die Hauptsätze
– Aussagesätze, werden sie durch **Punkt** oder **Komma** bzw. etwas stärker trennendes **Semikolon** abgetrennt,
– sind sie Fragesätze, werden sie durch **Fragezeichen**,
– sind sie Ausrufe- und Befehlssätze, werden sie durch **Ausrufezeichen** abgetrennt.

○ **1**   **a)** Bilden Sie Sätze. Schreiben Sie die Sätze hintereinander und setzen Sie Punkte. Beachten Sie die Rechtschreibung an den Satzanfängen.
Beispiel: *Der Bus stoppt.* (Satz)

Subjekt	Verbform (→ Prädikat)
der Bus	stoppen
die Urlauber	einsteigen
viele	sich unterhalten
die Fahrt	beginnen

b) Schreiben Sie die grammatikalisch unvollständigen Sätze im folgenden Text in grammatikalisch vollständige um.

Was ist denn das? Kann gar nicht sein. Ich war doch gerade in der Werkstatt mit dem Bus. Schöne Bescherung. Wie soll ich denn jetzt nach Paris kommen? Vielleicht mit einem Ersatzbus. Geht nicht. Keiner mehr da. Ob der Bus nicht noch zu reparieren ist vor unserer Abfahrt? Will mal sehen. Wird schon klappen. Hoffe ich zumindest.

Zu 1:

Grammatikalisch vollständige Sätze bestehen aus **Subjekt** (Frage: wer oder was?) und **Prädikat** (Verbform).
Beispiel:
Der Zug (Subjekt, Frage: wer?) *kommt* (Prädikat, Verbform).

Ausnahme:
Befehlssätze brauchen kein Subjekt.
Beispiel:
Einsteigen!

Hauptsätze können **allein stehen**.

2 Notieren Sie die folgenden Sätze und trennen Sie sie durch ein Komma voneinander ab. Achten Sie dabei auf korrekte Rechtschreibung nach dem Komma.

A Lassen wir ihn doch einfach in Ruhe. Er wird schon noch einmal über die Sache nachdenken.

B Jetzt ist wohl nicht der richtige Zeitpunkt. Er ist einfach zu aufgeregt.

C Unser kleiner Streit ist dann vergessen. Da bin ich ziemlich sicher.

Zu 2:

Inhaltlich **eng verknüpfte Aussagesätze** kann man durch **Komma statt Punkt** trennen.

Beispiel:

Heute lief es richtig gut, ich bin sehr zufrieden.

3 Notieren Sie den Satz mit dem richtigen Satzzeichen am Ende. Bilden Sie einen informierenden Aussagesatz, zwei Fragen und zwei Aufforderungen (mit und ohne Nachdruck).

A Hast du die Anzeige gesehen

B Der Ticketverkauf beginnt morgen

C Du solltest für mich bitte auch eine Karte bestellen

D Kann ich dir behilflich sein

E So kann man das auf gar keinen Fall machen

Zu 3:

Wenn keine Aufforderung mit **wirklichem Nachdruck** vorliegt, setzt man einen Punkt, denn das **Ausrufezeichen** kann auch als Anbrüllen oder Drohung verstanden werden.

Beispiele:

– Lass das gefälligst!
– Du solltest das einfach lassen.

4 Schreiben Sie den folgenden Textauszug mit den richtigen Satzzeichen. Achten Sie auf die Großschreibung der Satzanfänge.

Bitte um Zusendung eines Angebots

Sehr geehrte Damen und Herren

wir sind auf Ihr neu konzipiertes Tablet C400u aufmerksam geworden dieses Gerät wurde laut Firmenprospekt insbesondere für die Verwendung im Unterricht konzipiert

Bitte teilen Sie uns die Liefer- und Installationskosten für 200 Geräte mit wie viel Mengenrabatt gewähren Sie bei sofortiger Bezahlung

Für Rückfragen stehen wir Ihnen gerne zur Verfügung kontaktieren Sie bitte unser Sekretariat (0341 635-12)

Wir freuen uns auf Ihr Angebot bis zum 15. Mai 20XX

Mit freundlichen Grüßen

Zu 4:

Kein Punkt steht nach Überschriften, dem Betreff und Grußformeln in Briefen sowie in frei stehenden Zeilen (z. B. Bezeichnungen von Verträgen oder Veranstaltungen), da die Gliederung schon äußerlich sichtbar ist. Nach Anreden in Briefen steht ein **Komma**.

Beispiel:

Unser Treffen

Sehr geehrte Frau Kuhn,
ich freue mich auf unser Treffen.

Mit besten Grüßen
Peter Arnold

5 Notieren Sie die Sätze und setzen Sie dort Kommas, wo sie der besseren Übersichtlichkeit wegen nützlich sind.

A Das Praktikum hat mir gut gefallen und ich werde mich weiter auf dem Laufenden halten.

B Vielleicht werde ich mich später bei der Firma bewerben oder ich werde sie zumindest in die engere Auswahl nehmen.

C Viele meiner Mitschüler gehen nach der Schule gleich ins Ausland zum Arbeiten oder sie wollen erst einmal etwas von der Welt sehen.

D Für mich ist die Sache klar und ich habe auch keine Zweifel mehr.

E Ich werde eine Aubildung machen und dann gehe ich für einige Zeit ins europäische Ausland.

Zu 5:

Sätze, die mit „und" bzw. „oder" verbunden sind, benötigen **kein Komma**.

Beispiel:

Es ist unangenehm und es brennt.

Um einen Satz übersichtlicher zu machen, **kann** in **langen Hauptsätzen**, die mit „und" bzw. „oder" verbunden sind, auch ein **Komma** gesetzt werden.

Z

Regel 2:
Nebensätze werden durch Komma abgetrennt.

1 a) Entscheiden Sie, welche Sätze nicht alleine stehen können.

A｜ Obwohl das Gerät neu war.
B｜ Sobald man das Licht einschaltete.
C｜ Dass das Gerät wieder ansprang.
D｜ Das konnte er sich nicht erklären.

b) Ordnen Sie den Nebensätzen in Aufgabe a) eine der folgenden Hauptaussagen zu.

1｜ Die Anzeige funktionierte nicht.
2｜ Schon ein leichter Druck auf das Gehäuse genügte.
3｜ Die Sicherung sprang heraus.

2 Schreiben Sie die Sätze neu und trennen Sie den Nebensatz durch Komma ab. Unterstreichen Sie die Konjunktionen.

A｜ Nach der Besprechung verabschiedeten wir uns rasch damit es nicht zu spät würde.
B｜ Paul sollte mich informieren wenn er im Büro angekommen wäre.
C｜ Ich war kaum zu Hause als mein Smartphone klingelte.
D｜ Ich musste mich beeilen weil ich schon den nächsten Termin hatte.
E｜ Obwohl ich normalerweise mit dem Zug fahre machte ich mich mit dem Auto auf den Weg.

3 Formulieren Sie jeweils den zweiten Hauptsatz zu einem Nebensatz mit der angegebenen Konjunktion um. Trennen Sie ihn vom Hauptsatz durch Komma ab. Beachten Sie die Rechtschreibung.

A｜ Rühren Sie die Farbe kräftig um. Sie beginnen mit dem Streichen. (bevor)
B｜ Warten Sie mit dem zweiten Anstrich ab. Der erste Anstrich ist trocken. (bis)
C｜ Tragen Sie die Farbe dünn auf. Sie trocknet schneller. (damit)
D｜ Rauen Sie die Oberfläche auf. Die Farbe haftet dann besser. (weil)
E｜ Machen Sie einen dritten Anstrich. Das ist nötig. (wenn)

4 Schreiben Sie diese Sätze ab. Unterstreichen Sie den Relativsatz und trennen Sie ihn durch Kommas ab.

A｜ Die Anzahl der Verbraucher die eine Versorgung rund um die Uhr verlangen nimmt ständig zu.
B｜ Somit müssen wir uns von dem Arbeitszeitrhythmus den wir gewohnt sind verabschieden.
C｜ Teilzeitarbeit die bisher die Ausnahme war wird überhandnehmen.

Zu 1:
Nebensätze können **nicht allein stehen**.
Beispiel:
Weil er zu spät kam.

Die Hauptaussage fehlt. Diese könnte beispielsweise lauten:

(Weil er zu spät kam,)
– *verpasste er die Einführung,*
– *berechnete der Fahrer auch die Wartezeit,*
– *war der Meister wütend.*

Das **flektierte (gebeugte) Verb** steht am **Schluss** des Satzes.
Beispiel:
Wir haben doch die richtige Entscheidung getroffen, weil er sich freute/nur freuen konnte.

Zu 2 bis 8:
Ein Nebensatz wird eingeleitet durch

– eine **Konjunktion** (Bindewort)
Beispiele:
als, bevor, bis, da, damit, dass, ehe, falls, indem, ob, obgleich, obwohl, sobald, während, weil, wenn, wie, wobei

– oder ein **Relativpronomen**
Beispiele:
der, die, das, was, welcher, welche, welches

– oder ein **Fragepronomen**.
Beispiele:
wann, warum, was, welcher, welche, welches, wer, weshalb, wie, wo, wohin

Zu 4:
Wird ein Relativsatz in einen anderen Satz **eingeschoben**, muss er durch **Kommas** am Anfang und Ende abgetrennt werden.
Beispiel:
Wir stellten den Pokal, den wir gewonnen hatten, in der Kantine aus.

5 **Wandeln Sie den zweiten Hauptsatz in einen Relativsatz um und schließen Sie ihn an das Bezugswort im ersten Satz an. Trennen Sie den Relativsatz durch Kommas ab.**

A | Das Risiko ist sehr gering. – Sie gehen es mit dieser Anlage ein.
B | Die Papiere haben noch Potential nach oben. – Sie kaufen sie hier.
C | Auch langfristig ist das Wagnis nicht sehr hoch. – Sie gehen es mit dieser Anlagenart ein.
D | Eine Alternative wäre noch dieses Modell. – Sie ist aber langfristig nicht so sicher.

Zu 5:

Das **Relativpronomen** sollte möglichst nah bei dem Wort stehen, auf das es sich **bezieht**.

Beispiel:

Die Apfelsorte ist bei der Kundschaft besonders beliebt, die etwas säuerlich schmeckt.
→ Die Apfelsorte, die etwas säuerlich schmeckt, ist bei der Kundschaft besonders beliebt.

6 **Notieren Sie zuerst den Nebensatz und trennen Sie ihn durch ein Komma vom folgenden Hauptsatz ab. Achten Sie dabei auf korrekten Satzbau.**

A | Ich hätte gerne gewusst wie man die Kundendatei anlegt.
B | Mir ist schon gesagt worden mit welchem Programm man das macht.
C | Mir ist nicht so ganz klar warum man hier die zweite Spalte nicht ausfüllen muss.
D | Mich würde interessieren wie viele Kundendaten ich bis morgen eingegeben haben sollte.

7 **Schreiben Sie die Sätze und setzen Sie die Kommas.**

A | Ich hoffe dass meine Bewerbung erfolgreich ist und freue mich auf die Ausbildung.
B | Ich habe lange darüber nachgedacht ob ich überhaupt eine Ausbildung beginnen sollte und letztlich habe ich mich doch dazu entschlossen.
C | Ein Freund der bereits das erste Ausbildungsjahr hinter sich hat und meine Eltern haben mich schließlich überzeugt.
D | Anfangs dachte ich dass ich erst einmal ein Praktikum machen könnte oder ich stellte mir vor wie ich ein Jahr um die Welt reisen würde.
E | Doch dann war mir bald klar dass ich nur Zeit vergeuden würde und ich traf eine Entscheidung mit der ich jetzt sehr zufrieden bin.

Zu 7 und 8:

Eingeschobene Nebensätze werden von Kommas eingeschlossen, auch wenn danach ein „und" oder ein „oder" folgt.

Beispiel:

*Ich las alles noch einmal gründlich durch, **weil** ich keine Fehler machen **wollte, und** schickte die Mappe dann ab.*

8 **Notieren Sie die folgenden Sätze mit korrekter Kommasetzung.**

A | Ihre Anschrift erhielt ich von Ihrem Prokuristen der mich darauf hinwies dass bei Ihnen die Stelle eines Medienberaters frei ist.
B | Da ich die Schwerpunkte in meiner Ausbildung auf Öffentlichkeitsarbeit gelegt habe bin ich an dieser Stelle sehr interessiert.
C | Im Jahre 2010 legte ich die Abschlussprüfung im Fach Medienkommunikation ab und bewarb mich danach wie Sie meinen Unterlagen entnehmen können erfolgreich um eine Anstellung als Pressereferent.
D | Seither habe ich meine Kompetenzen durch mehrere Zusatzqualifikationen deren Nachweise ich beilege ausgebaut und praktisch erprobt.
E | Ich freue mich sehr wenn Sie meine Bewerbung positiv aufnehmen und bin gespannt auf Ihre Antwort.

Regel 3:
Infinitiv- und Partizipgruppen werden durch Komma abgetrennt.

○ **1** Bestimmen Sie, welche Unterstreichung die Infinitivgruppe korrekt anzeigt. Das Komma ist jeweils nicht gesetzt.

A 1) Es ist <u>auf jeden Fall ratsam mit Schutzhandschuhen zu arbeiten</u>.
2) Es ist auf jeden Fall <u>ratsam mit Schutzhandschuhen zu arbeiten</u>.
3) Es ist auf jeden Fall ratsam mit Schutzhandschuhen <u>zu arbeiten</u>.
4) Es ist auf jeden Fall ratsam <u>mit Schutzhandschuhen zu arbeiten</u>.

B 1) Es empfiehlt sich die Daten <u>alle 10 Minuten zu speichern</u>.
2) Es empfiehlt sich <u>die Daten alle 10 Minuten zu speichern</u>.
3) Es empfiehlt <u>sich die Daten alle 10 Minuten zu speichern</u>.
4) Es empfiehlt sich die Daten alle 10 Minuten <u>zu speichern</u>.

○ **2** Schreiben Sie die Sätze und trennen Sie die Infinitivgruppe durch Komma ab. Bilden Sie in 2 den Infinitiv mit dem ersten Verb in 1.

A 1) Er gibt zu etwas oberflächlich gearbeitet zu haben.
2) Es fiel ihm schwer das …

B 1) Er gesteht ihm zu heute etwas früher zu gehen.
2) Es gehört nicht zu seiner Gewohnheit solche Sonderregelungen …

C 1) Er hört aufmerksam zu um ja nichts zu verpassen.
2) Es ist sonst nicht seine Art gut …

◑ **3** Formulieren Sie den zweiten Hauptsatz zu einer Infinitivgruppe mit „um zu", „ohne zu" oder „als zu" um und trennen Sie sie durch Komma ab.
Beispiel: Sie sollen die Anlage dämmen. Aber die Optik sollen sie nicht beeinträchtigen. → *Sie sollen die Anlage dämmen, **ohne** aber die Optik **zu beeinträchtigen**.*

A Sie dämmen die Leitungen von Warmwasseranlagen. Die Abstrahlung der Wärme soll verhindert werden.
B Sie bauen Dämmstoffe in Wände und Dächer ein. Heizenergie soll gespart werden.
C Sie lassen die Wasserleitung lieber isolieren. Sie erleiden im Winter einen Schaden durch Einfrieren.
D Laute Maschinen werden ummantelt. Der Schall soll gedämpft werden.
E Sie verrichtet ihre Arbeit sehr exakt. Sie will Reklamationen vermeiden.
F Sie arbeitet lieber im Labor. Sie berät Kunden.
G Sie ist ehrgeizig. Sie ist nicht rücksichtslos.
H Lieber macht sie Überstunden. Sie beliefert einen Kunden nicht rechtzeitig.
I Wir stehen an der Arbeitsplatte. Wir bereiten die Zutaten vor.

Zu 1:
Die **Infinitivgruppe** finden Sie, indem Sie das Verb mit „zu" und die Ergänzung dazu suchen.
Beispiel:
– *Wir hoffen, **mühelos zu siegen**.*

Bei der Verbindung „zu" + Verb kann das Komma entfallen (siehe auch Hinweis 6).
Beispiel:
– *Wir hoffen(,) **zu siegen**.*

Zu 2:
Vorsicht:
Manche Verben sind bereits mit „zu" gebildet.
Beispiele:
zuschrauben, zumachen (= schließen)
Der Infinitiv des Verbs mit „zu" lautet dann „zuzuschrauben".

Zu 3 bis 5:
Ein **Komma muss gesetzt werden**, wenn die Infinitivgruppe

– mit „als", „anstatt", „außer", „ohne", „statt", „um" **eingeleitet** wird
Beispiel:
Anstatt im Servicebereich tätig zu sein, nutzt sie jede Gelegenheit, um in der Werkstatt zu arbeiten.

– oder von einem **Substantiv** (Hauptwort) **abhängt**
Beispiel:
*Wenn sie der **Ehrgeiz** packt, das Gerät an jenem Tag fertig zu machen, vergisst sie die Zeit.*

– oder von einem **hinweisenden Wort** (daran, darauf, darum, dafür, es, dies, das) angekündigt oder wieder aufgenommen wird.
Beispiel:
*Sie achtet **darauf**, keine Fehler zu machen.*

○ **4** Schreiben Sie die Sätze auf und trennen Sie die Infinitivgruppe durch Komma ab. Unterstreichen Sie das Substantiv, von dem die Infinitivgruppe abhängt.

A ⌐ Er hatte den Auftrag das Material aus dem Lieferwagen zu holen.

B ⌐ Leon gab ihm die Anweisung mit den Räumen im Erdgeschoss zu beginnen.

C ⌐ Er hatte die feste Absicht dieses Mal sehr überlegt vorzugehen.

D ⌐ Deshalb war es für ihn eine absolute Notwendigkeit jede Kleinigkeit genau zu beachten.

E ⌐ Es musste jeder Versuch unternommen werden die Konkurrenten auszuschalten.

○ **5** Schreiben Sie die Sätze auf und trennen Sie die Infinitivgruppe durch Komma ab. Unterstreichen Sie das hinweisende Wort.

A ⌐ Sie dachte daran eine neue Methode auszuprobieren.

B ⌐ Aber darauf wäre sie nicht gekommen einfach die Seiten umzudrehen.

C ⌐ Es ging ihr nur darum Material einzusparen.

D ⌐ Diesen Effekt schon beim ersten Versuch erreicht zu haben das überraschte sie.

E ⌐ In dieser Gruppe weiterarbeiten zu dürfen dies wäre schon eine tolle Sache für sie.

F ⌐ Alle begrüßten es ihr diese Chance zu geben.

G ⌐ Sie sind dafür verantwortlich sich bei der Ausarbeitung von Angeboten nicht zu verrechnen.

◐ **6** Notieren Sie die Sätze und unterstreichen Sie die Infinitivgruppe. Prüfen Sie, ob der Sinn des Satzes klar ist. Setzen Sie gegebenenfalls ein Komma.

A ⌐ Ich habe versucht mich auf die Prüfung vorzubereiten.

B ⌐ Deshalb begann ich frühzeitig zu lernen.

C ⌐ Leider hat einer meiner besten Freunde sich geweigert mir zu helfen.

D ⌐ So war ich gezwungen mich auf mich selbst zu verlassen.

E ⌐ Nach der Erfahrung empfehle ich ihm nicht mehr zu glauben.

F ⌐ Künftig plane ich noch früher mit meinen Vorbereitungen anzufangen.

Zu 6:

Bei allen anderen **Infinitivgruppen** kann das **Komma entfallen**, wenn der Sinn des Satzes klar ist.
Ist der Sinn nicht klar, kann man ein **Komma setzen**, um die Gliederung des Satzes zu verdeutlichen.
Beispiel:
Ich rate [,] ihm [,] nachzugeben.

○ **7** Notieren Sie nur die Partizipien.

A ⌐ Die Oberfläche war gewellt und glänzend.

B ⌐ Die Kanten waren abgerundet.

C ⌐ Passend zur Wandfarbe stand dort ein Sofa.

D ⌐ Gut abgestimmt auf die Möbel wählte sie das Muster für die Bezüge.

E ⌐ Wohltuend wirkten die warmen Farben.

F ⌐ Die Weite des Raumes machte einen einladenden Eindruck.

G ⌐ Der Teppichboden sah schon etwas abgenutzt und verschmutzt aus.

H ⌐ Wir werden Sie wie besprochen rechtzeitig informieren.

Zu 7:

So erkennen Sie die zwei Partizipien:

– Partizip I
Beispiel:
laufen (Infinitiv) → *laufend*

– Partizip II
Beispiele:
– laufen, lief, gelaufen (3. Stammform des Verbs) → *gelaufen*
– machen, machte, gemacht → *gemacht*

8 Notieren Sie die Sätze mit richtiger Kommasetzung. Unterstreichen Sie die Partizipgruppe.

A ⌐ Ausgerechnet diesen Mitarbeitern zwei schon mit anderen Arbeiten übermäßig belasteten wurde diese schwierige Aufgabe übertragen.

B ⌐ Dieses menschliche Klima in den letzten beiden Jahren schmerzlich vermisst war nun wieder vorhanden.

C ⌐ In diesem Jahr aber konnten sie ihr Planziel nur leicht abweichend von den Vorgaben relativ mühelos erreichen.

D ⌐ Wir werden unsere Strategie dem Ratschlag der Expertengruppe folgend ab sofort ändern.

E ⌐ Jeden Posten bis ins letzte Detail durchkalkuliert so präsentierte er das Projekt.

9 a) Schreiben Sie die Partizipgruppen auf. Die Kommas sind nicht gesetzt.

A ⌐ Unser Betrieb gegründet vor über 100 Jahren zählt zu den traditionsreichsten der Branche überhaupt.

B ⌐ Wir haben ein weltweites Versorgungssystem aufgebaut basierend auf enger Kooperation mit führenden Logistikunternehmen.

C ⌐ Auf diese Weise konnte er von der Geschäftsleitung noch unterstützt sein Vorhaben problemlos durchziehen.

D ⌐ Wir kommen auf ein weitaus besseres Betriebsergebnis als die Konkurrenz über die letzten drei Jahre betrachtet.

E ⌐ Mal positiv gesehen wir mussten bisher keinen einzigen Mitarbeiter in dieser schwierigen Situation entlassen.

b) Notieren Sie die Sätze C und D so, dass die Partizipgruppe an einer anderen Stelle im Satz steht. Setzen Sie die Kommas.

10 Notieren Sie die Sätze und unterstreichen Sie die Partizipien. Setzen Sie dort Kommas, wo sie Ihnen für eine bessere Gliederung des Satzes gerechtfertigt erscheinen.

A ⌐ Sie erhalten wie von Ihnen gewünscht eine Rechnung und zwei Kopien.

B ⌐ Wir bitten Sie wie im Vertrag vereinbart um eine Anzahlung von 10 Prozent des Bruttobetrages.

C ⌐ Grob gerechnet beläuft sich die Gesamtsumme auf noch nicht einmal 3000 Euro.

D ⌐ Fasziniert von dem günstigen Preis bestellten wir gleich 200 Exemplare.

E ⌐ Mal abgesehen von den Frachtkosten sind die Produkte doch sehr preiswert.

F ⌐ Sie können die Mail einmal abgeschickt nicht mehr zurückholen.

G ⌐ Sie kaufen die Wohnung wie gesehen und können nach Vertragsabschluss keine Forderungen mehr geltend machen.

Zu 8 bis 9:

Partizipgruppen müssen **mit Komma** abgetrennt werden, wenn sie

– mit einem **hinweisenden Wort oder einer Wortgruppe** angekündigt oder wiederaufgenommen werden

Beispiel:
*Die ganze Kleidung mit Öl beschmiert, **so** kam er nach Hause.*

– oder als **Zusatz zu einem Substantiv oder Pronomen** (Fürwort) anzusehen sind.

Beispiel:
*Sie kritisieren nicht meine Arbeit, sondern mein **Arbeitstempo, genau genommen**.*

Zu 10:

Partizipgruppen kann man durch **Komma** abtrennen, um die **Gliederung eines Satzes** deutlicher zu machen.

Beispiel:
Wir werden, grob kalkuliert, mit dem Geld gut auskommen.

Regel 4:
Aufzählungen und Nachträge (Zusätze) trennt man durch Komma ab.

1 Notieren Sie die Sätze und trennen Sie die Aufzählungen durch Kommas ab.

A ⌐ Sie bauen mechanische elektrische elektronische Komponenten.

B ⌐ Sie arbeiten mit Blechen Folien Bahnen Bandagen Formstücken.

C ⌐ Sie müssen Formteile aufmessen aufreißen abwickeln zurichten.

2 Schreiben Sie die Sätze auf und setzen Sie Kommas.

A ⌐ Zu trinken wollte er Mineralwasser zum Hauptgang dann Apfelschorle zum Schluss einen Kaffee.

B ⌐ Bei der Käseauswahl entschied er sich für eine Ecke vom Brie ein Stück Emmentaler zwei kleine Löffel verschiedener Frischkäse.

C ⌐ Dieser Kunde zahlte bar der andere mit EC-Karte ein dritter mit Kreditkarte.

D ⌐ Sie montieren die Hardware dann prüfen sie diese schließlich installieren sie auch die Steuerungssoftware.

3 Schreiben Sie die Sätze, in denen Kommas gesetzt werden müssen.

A ⌐ Sie halten die Maschinen instand reparieren sie oder rüsten sie um.

B ⌐ Seine Aufgaben umfassen die Fehlersuche das Warten Einrichten und Fahren von Maschinen und Anlagen.

C ⌐ Sie reparieren beschädigte Bauteile setzen Ersatzteile ein oder tauschen Verschleißteile aus.

D ⌐ In diesem Beruf sollte man sowohl über mathematische Kenntnisse als auch über kreative Fähigkeiten verfügen.

E ⌐ Der Verschluss ließ sich weder von Hand noch maschinell öffnen.

4 Notieren Sie die Sätze und setzen Sie Kommas, wo sie benötigt werden.

A ⌐ Man lernt mit Kunden arbeiten kann Basare begleiten die sehr interessant sein können oder darf in der Juniorfirma tätig sein.

B ⌐ In dieser Abteilung musste ich planen koordinieren was sich zunächst einfach anhört und verwalten.

C ⌐ Man gewinnt diese Kenntnisse sowohl durch praktische Tätigkeiten die mindestens einen Tag dauern als auch durch theoretische Unterweisungen.

D ⌐ Weder in einem Unternehmen das global agiert noch in einem Kleinunternehmen kann man das alles in einem Jahr erlernen.

E ⌐ Man kann in diesem Beruf den Abschluss nach drei Jahren machen in Ausnahmefällen in zwei Jahren was nur wenigen erlaubt wird beziehungsweise zweieinhalb Jahren.

Zu 1 bis 2:

Aufzählungen können aus

– **einzelnen Wörtern**,
– **Teilen eines Satzes** sowie
– **ganzen Sätzen** bestehen.

Beispiele:
– *Sie verkaufen Brot, Kuchen, Brötchen.*
– *Der Bote stieg aus, klingelte an der Tür, wartete geduldig.*
– *Die einen schneiden zu, die anderen heften zusammen, wieder andere nähen.*

Zu 3:

Kein Komma wird gesetzt, wenn die Aufzählungen durch „und", „oder", „(so)wie", „sowohl … als/wie auch", „weder … noch", „beziehungsweise (bzw.)" verbunden werden.

Zu 4:

Ein Nebensatz, der **in eine Aufzählung eingeschlossen** ist, wird durch Kommas abgetrennt, auch wenn „und", „oder", „(sowohl…) als auch", „(weder…) noch", „beziehungsweise (bzw.)" folgen.

Beispiel:
Sport macht Spaß, hält fit, wenn man ihn regelmäßig betreibt, und ist gesund.

○ **5** **Notieren Sie die Sätze und fügen Sie die Kommas ein.**

A Bill Gates ein Pionier der Softwareentwicklung ist unser großes Vorbild.

B Mark unser Chef und ein großer Fan von Gates wählt sein Personal dementsprechend aus.

C Darf ich euch Philipp einen unserer besten Mitarbeiter vorstellen?

D Manuel wirklich unser Zuverlässigster löst fast jedes Softwareproblem.

◔ **6** **Schreiben Sie den Text ab und setzen Sie die Kommas.**

Danke für Ihr Angebot vom Mittwoch dem 15. Januar 2014. Bitte liefern Sie uns die Waren bis spätestens Donnerstag 28.01.2016.
Die Preise verstehen sich wie im Angebot vom 08.01.2016 enthalten inklusive Lieferung. Diese erwarten wir in unserem Restaurant in der Parkstraße 26 Zufahrt über Bahnhofsplatz 6.

◔ **7** **Verbessern Sie den Text, indem Sie die Sätze schreiben, in denen die Kommas fehlen.**

A Sicherlich haben Sie unsere Rechnung vom 03.03. Rechnungsnummer 100150 in Höhe von 2.400,00 Euro fällig am 17.03. übersehen.

B Bitte überweisen Sie den offenen Betrag bis zum 03.06. 17:00 Uhr an uns.

C Leider müssen wir bei weiterer Zahlungsverzögerung ein Inkassounternehmen einschalten. Bitte weisen Sie den ausstehenden Betrag bis zum 10.06. 12:00 Uhr an. Bei erneuter Nichteinhaltung der Zahlungsfrist würden wir unsere Geschäftsverbindung sowie alle weiteren Kundenkontakte unverzüglich beenden.

◔ **8** **Notieren Sie die Sätze. Trennen Sie die nachgestellten Erläuterungen durch Komma ab.**

A Bei dieser Aufgabe unterstützt man sämtliche Unternehmensprozesse und zwar von der Auftragsanbahnung bis zum Kundenservice.

B Auch praktische Tätigkeiten wie zum Beispiel im Bereich Marketing gehören zu dieser Ausbildung.

C Kalkulieren ist eine wichtige Tätigkeit insbesondere bei der Ausarbeitung von Angeboten.

D Dabei können viele Fehler entstehen z. B. durch Verrechnen.

E Man ist für die Zubereitung bestimmter Speisen abgestellt beispielsweise Beilagen oder Salate.

F Auch Themenwochen wie z. B. Bio-Wochen organisieren wir.

G Man berät Gäste insbesondere unschlüssige bei der Auswahl der Gerichte.

H Man verteilt die Aufgaben an die Beschäftigten d. h. an das Kundenpersonal.

I Gehaltsabrechnungen gehören zu meinem Aufgabenbereich auch die Betreuung von Mitarbeitern.

Zu 5 bis 7:

Die **Apposition** (Beisatz oder Satzergänzung) wird nach einem Bezugswort durch ein **Komma** abgetrennt.

Beispiele:

– *Marco, der Gewinner des Goldenen Hobels, arbeitet in unserem Betrieb.*

– *Am Sonntag, dem 25. Mai(,) entscheidet sich alles.*

– *Sie ist wohnhaft im Oder-Hochhaus, 16. Etage, Wohnung 3(,) rechts.*

Bei **Wohnungs-, Datums- und Zeitangaben** kann das **schließende Komma fehlen**.

Zu 8:

– **Angekündigte Wortgruppen**,
Beispiel:
Die zwei, Jan und Georg, sind Kollegen.

– **Anreden**,
Beispiel:
Hallo Peter, danke für deinen Hinweis.

– **Ausrufe** sowie **nachgestellte Erläuterungen** (häufig durch *z. B.*, *wie (z. B.)*, *d. h.*, *und zwar*, *insbesondere* eingeleitet) werden durch **Komma** getrennt.
Beispiel:
*Das ist ein gutes Kriterium, **z. B.** bei der Beurteilung von fairem Handel.*

Regel 5:
Entgegensetzungen werden durch Komma abgetrennt.

1 Notieren Sie die Sätze und trennen Sie die Entgegensetzungen durch Komma ab.

A Das ist zwar nicht ganz billig aber schön.

B Diese Sitze sind etwas hart gepolstert doch bequem.

C Der Polsterstoff ist nicht sehr auffallend allerdings unempfindlich.

D Ein Austausch ist einerseits noch nicht zwingend nötig andererseits sinnvoll.

E Bringen Sie das Auto nicht heute sondern morgen.

2 Schreiben Sie die Sätze und führen Sie sie mit Entgegensetzungen fort. Wählen Sie dazu die passende Wortgruppe in der rechten Spalte und eines der folgenden Wörter aus. Setzen Sie Kommas.

aber – allerdings – andererseits – jedoch – sondern

Beispiel A 3: *Das ist zwar ein Schnäppchen, aber nur auf den ersten Blick.*

A	~~Das ist zwar ein Schnäppchen~~	1	viel Geld dabei verloren.
B	Der Boden ist schon ziemlich eben	2	auf der rechten.
C	Sie sollten etwas fester anziehen	3	~~nur auf den ersten Blick.~~
D	Einerseits haben wir bei der Trans-aktion gut entschieden	4	nicht zu fest.
E	Wir könnten zwar Material einspa-ren	5	nicht an allen Stellen.
F	Sie sollten nicht auf der linken Seite beginnen	6	preislich kaum bemerkbar.
G	Einerseits ist das ein Vorteil	7	ein Nachteil.

3 Schreiben Sie die Sätze. Fügen Sie geeignete auf Entgegensetzungen hinweisende Wörter und die notwendigen Kommas ein. Vermeiden Sie Wiederholungen.

A Das Diagramm gibt nicht nur einen Einblick in die Entwicklung der Verkaufszahlen von 2015 ▩ auch von 2016.

B Die Grafiken lassen zwei Schlussfolgerungen zu: ▩ war das abge-schlossene Geschäftsjahr insgesamt recht erfolgreich ▩ gab es einen Einbruch im Inlandsgeschäft.

C Im Juni steigt die Kurve unserer Inlandsaufträge wieder an ▩ die Aus-landsaufträge brechen gleichzeitig drastisch ein.

D Im Vorjahreszeitraum war die Auftragslage noch relativ stabil Ende des Jahres ▩ setzte eine drastische Änderung ein.

E Im vergangenen Jahr fiel der Umsatz nur leicht ▩ kontinuierlich.

Zu 1 bis 3:

Entgegensetzungen können aus

– einzelnen Wörtern,

 – Teilen von Sätzen oder

– ganzen Sätzen bestehen.

Beispiel:

*Sie wollen einen Kaffee **mit** Milch, **jedoch ohne** Zucker.*

Diese Wörter weisen auf Entgegen-setzungen hin:
aber, allerdings, einerseits … anderer-seits, (je)doch, sondern

Regel 6:
Wörtliche Rede wird durch Anführungszeichen kenntlich gemacht.

1 Schreiben Sie die Sätze neu. Kennzeichnen Sie die wörtliche Rede mit Anführungszeichen und schließen Sie den Begleitsatz mit Doppelpunkt ab. Ändern Sie – wo nötig – die Rechtschreibung.

A Sie sagt mir gefällt der Beruf.

B Sie hebt hervor vor allem gefällt mir die abwechslungsreiche Tätigkeit.

C Sie betont in diesem Beruf wird es einem nie langweilig.

D Vor allem fasziniert sie man hat Kontakt zu so vielen unterschiedlichen Leuten.

E Kritisch meint sie nur man nimmt auch oft Sorgen der Patienten mit nach Hause und kann dann nicht abschalten.

F So fragt sie sich manchmal wie schaffe ich den Wechsel vom Beruf in das Privatleben?

2 Schreiben Sie die Sätze neu. Kennzeichnen Sie die wörtliche Rede mit Anführungszeichen und trennen Sie den nachgestellten Begleitsatz durch Komma ab. Setzen Sie am Ende der wörtlichen Rede das korrekte Satzzeichen.

A Man muss Spaß am Beruf haben sagt er.

B Mit einer negativen Einstellung quälst du dich nur meint er.

C Ich gehe immer positiv an die Dinge heran betont er.

D Eine Jammertante geht anderen doch nur auf die Nerven hebt er hervor.

E Natürlich gibt es auch mal schlechtere Tage gesteht er ein.

F Aber muss ich das dann gleich allen zeigen fragt er sich.

G Müssen wir das nicht alle 45 Jahre durchhalten fragt er mit einem Grinsen.

3 Schreiben Sie die Sätze neu. Kennzeichnen Sie die wörtliche Rede durch entsprechende Satzzeichen. Ändern Sie die Rechtschreibung und die Satzzeichen.

A Mit fester Stimme sagt er du musst schon ein bisschen Durchhaltvermögen haben bei diesem Job und blickt auf seinen etwas erschöpft aussehenden Kollegen.

B Er sagt einige Male du musst ein Teamplayer sein während er den Stoff zuschneidet und konzentriert arbeitet.

C Er drehte sein Gesicht zu mir hast du nicht auch schon mal das Gegenteil gesehen und zwinkerte mit einem Auge.

D Und während er noch fortfährt keiner der Vorgesetzten sieht das und greift ein nimmt er seine Schere wieder zur Hand und setzt zum nächsten Schnitt an.

Zu 1 bis 2:

Der **Begleitsatz** (z. B. er sagte) zur wörtlichen Rede wird vor der wörtlichen Rede mit **Doppelpunkt** abgeschlossen.

Beispiele:
– *Er sagte: „Das geht in Ordnung."*
– *Sie fragte: „Kann ich mich darauf verlassen?"*

Steht der Begleitsatz nach der wörtlichen Rede, wird diese durch **Komma** von dem begleitenden Satz abgetrennt.

Beispiele:
– *„Das geht in Ordnung", sagte er.*
– *„Kann ich mich darauf verlassen?", fragte sie.*

Der **Schlusspunkt** in der wörtlichen Rede **entfällt** in diesem Fall.

Zu 3:

Auch wenn der Begleitsatz am Anfang steht, aber nach der wörtlichen Rede weitergeführt wird, wird in der wörtlichen Rede kein Schlusspunkt gesetzt. **Frage- und Ausrufezeichen** werden jedoch gesetzt.

Beispiele:
– *Er sagte: „Das geht in Ordnung", und machte dann weiter.*
– *Sie fragte ihn: „Geht das in Ordnung?", und die beiden Mitarbeiter können das bezeugen.*

Regel 7:
Jedes Zitat, also jede Übernahme einer Teilformulierung, eines Satzes oder längeren Abschnitts aus einer fremden Äußerung wird gekennzeichnet und mit einer exakten Quellenangabe versehen. Auch Veränderungen des originalen Wortlauts werden beim wörtlichen Zitieren kenntlich gemacht.

Grundsätzlich gilt: Handwerkliche Korrektheit und korrekte Wiedergabe des Sinns sind im Umgang mit Zitaten eine ethische Verpflichtung. Die Übernahme fremder Äußerungen ohne Quellenangabe ist strafbar.

1 **Zitieren Sie im Praktikumsbericht aus dem folgenden Hausprospekt. Kennzeichnen Sie die Zitate sowie die Auslassungen oder Veränderungen.**

Hausprospekt:
„Unser Haus hat sich zur Aufgabe gemacht, älteren Menschen einen angenehmen Lebensabend zu ermöglichen. Neben komfortablen Wohnverhältnissen bieten wir eine breite Palette von kulturellen und sportlichen Aktivitäten an. Unsere Betreuung erfüllt höchste Ansprüche sowohl hinsichtlich der Fachkompetenz unseres Personals wie auch der menschlichen Zuwendung, die uns besonders wichtig ist."

Praktikumsbericht (Auszug):
Ein wesentliches Ziel des Hauses sei es (⬚). Geboten würden (⬚) [⬚] (⬚). Das Betreuungspersonal erfülle die (⬚); es sei fachlich kompetent und die (⬚) [⬚] (⬚) sei (⬚).

Zu 1:
Zitate werden an den eigenen **Kontext** angepasst. Abweichungen vom Original werden durch eckige Klammern gekennzeichnet.
Beispiel:
Er freut sich auf die „schöne[n] Seiten des Lebens".

Notwendige **Auslassungen** werden beim Zitieren durch drei Punkte in einer eckigen Klammer gekennzeichnet.
Beispiel:
„Der Text, [...], entsteht überhaupt erst im Kopf des Lesers."

2 **Situation:** Das folgende Zitat stammt aus dem Buch „Grammatik-Werkstatt" aus dem Klett-Kallmeyer-Verlag, Seelze von Wolfgang Menzel aus dem Jahr 1999. Das Zitat steht auf Seite 7:
„Grammatik zu lernen kann aber zu einem interessanten Geschäft werden; ein wichtiges ist es allemal."

a) Schreiben Sie zu diesem Zitat die korrekte Quellenangabe auf.
b) Integrieren Sie Teile des Zitats in den folgenden Text mit richtiger Zeichensetzung und korrekter Quellenangabe in Klammern.

Text:
Andere Autoren wiederum behaupten, dass Grammatik zu lernen wohl zu einem interessanten Geschäft werden könne; ein wichtiges sei es auf jeden Fall (⬚).

Zu 2:
Bei Büchern als Quelle müssen angegeben werden: Verfasser/-in, vollständiger Titel, Verlag, Auflage, Erscheinungsort und -jahr sowie die Seite, auf der das Zitat steht.
Beispiel:
Asmuth, Bernhard/Berg-Ehlers, Luise: Stilistik. Westdeutscher Verlag. 3. Auflage, Opladen 1978, S. 23

Quellen aus dem **Internet** erfordern möglichst den vollen Namen des Autors/der Autorin/der Institution sowie den Titel des Beitrags, die URL und das Zugriffsdatum.
Beispiel:
Jan Peters: „Korrekte Kommas", http://www.kommas/noch-schlauer-lernen-xy, abgerufen am 13.10.2015 (oder: Stand: 13.10.2015)

Test

Entscheiden Sie, in welchen Sätzen die Zeichensetzung korrekt ist.

1	Sie benötigen einen Rechner Internetanschluss einen USB-Stick.
2	Es wäre schön, wenn die Sozialberufe etwas mehr gesellschaftliche Anerkennung finden würden.
3	Versuch es erst einmal mit dem normalen Bohren anstatt gleich den Bohrhammer einzuschalten.
4	Einerseits schützt eine Impfung vor Infektionen, andererseits besteht ein gewisses Risiko.
5	Man braucht vielleicht etwas länger Zeit den Versuch sollte man auf jeden Fall wagen?
6	Das ist ein Schädling, der die Ernährung der Weltbevölkerung nachhaltig beeinträchtigen könnte.
7	Würden Sie das Gespräch kurz selbst führen, bzw. gleich zu mir durchstellen?
8	Dieses Medikament ist preiswert und es ist sehr wirksam.
9	Er betonte: „Die Lieferung geht in Ordnung" und ging gleich danach zur Tagesordnung über.
10	Ich denke dass die Leitung der Kindertagesstätte keine Einwände haben wird.
11	Warum das jetzt schon zur Sprache kommen musste, ist mir nicht so ganz klar.
12	Diese Tinktur ist trübe; das ist kein gutes Zeichen!
13	Ich beginne, mich über diese Entscheidung zu ärgern.
14	Der Kakao ist in Baumwollsäcken verpackt einzeln geprüft und versiegelt.
15	Manche der betrieblichen Anordnungen sind weder sinnvoll noch helfen sie weiter.
16	Sie können natürlich Urlaub beantragen, allerdings erst im Sommer.
17	Die Betriebsprüfer sagen mehrere Abrechnungen seien in dieser Form nicht möglich.
18	Das sollten wir entscheiden, ohne einen größeren Zeitverlust zu riskieren.
19	Der Hersteller schreibt: „Unser Produkt ist wissenschaftlich getestet und zertifiziert."
20	Dieses Nahrungsergänzungsmittel ist neu auf dem Markt aber noch nicht hinreichend erprobt.
21	Würden Sie diese Anfrage umgehend bearbeiten. Es ist sehr dringend.
22	Setzen Sie den Cursor auf dieses Icon, und klicken Sie zweimal!
23	Dieser Entwurf ist etwas überdimensioniert kaum nutzbar für meine Zwecke.
24	Anstatt eine Überweisung zu tätigen sollten Sie lieber das Lastschriftverfahren nutzen.
25	Ich versuche so präzise wie möglich zu arbeiten.
26	Bitte denken Sie daran die Rechnung rechtzeitig zu begleichen.
27	Wir wissen dass Sie fristgerecht liefern, und auch sonst Ihren Verpflichtungen nachkommen.
28	Wenn ich nur wüsste, wo man dieses Material entsorgen könnte!
29	Ich kann Ihnen nur allgemein sagen wie dieses Präparat wirkt und deshalb sollten Sie sich noch einmal an den verordnenden Arzt wenden.
30	Sie erreichen mich wieder am ersten Dienstag im Monat. Gedulden Sie sich also mit der Antwort. Mit freundlichen Grüßen Irena Kunz

Lösungen
9vr2gj

Ausdruck und Stil

Wählen Sie den treffenden Ausdruck.

○ **1** Ordnen Sie je eine Gruppe der Synonyme (Wörter mit gleicher oder ähnlicher Bedeutung) zum Adjektiv „schön" den Ausdrücken A–D zu.

A ein schönes Möbelstück   **C** ein schöner Mensch
B ein schönes Leben   **D** ein schönes Essen

1 sorgenfrei, unbeschwert, unbekümmert, ungetrübt
2 verlockend, appetitlich, einladend, schmackhaft, verführerisch
3 formvollendet, glanzvoll, großartig, meisterhaft, stilvoll, prächtig
4 makellos, ansehnlich, anziehend, attraktiv, wohlgefällig

○ **2** Erstellen Sie eine Tabelle wie diese und ordnen Sie die Wörter zu.

Standardsprachliche Ausdrucksweise	Umgangssprachliche Ausdrucksweise	Gehobene Ausdrucksweise
Kleidung	Klamotten	Garderobe

A toll, umwerfend, außergewöhnlich, hervorragend, bemerkenswert
B malochen, arbeiten, schuften, tätig sein
C Gefallen finden, mögen, zusagen, genehm sein, liegen

◐ **3** Ersetzen Sie die unterstrichenen Wörter durch treffendere Ausdrücke. Sie können Wörter aus dem Wortschatz (rechte Spalte) entnehmen.

A Wenn ein Sohn in die Fußstapfen des Vaters <u>läuft</u>, muss das nicht immer <u>gehen</u>.	treten, funktionieren, glattgehen, gutgehen, reibungslos ablaufen
B Oft <u>kommen</u> wieder alte Beziehungskonflikte <u>raus</u>.	an die Oberfläche treten, aufbrechen
C Die Lust, <u>in</u> die Laufbahn der Eltern zu <u>gehen</u>, ist besonders groß, wenn sie <u>erfahren</u>, dass die Eltern in ihrem Beruf finanziell <u>auskommen</u>.	sich entscheiden für, wählen, Bedürfnis, Sehnsucht, Reiz, beobachten, sehen, erfolgreich sind, zurechtkommen

◐ **4** Formulieren Sie die umgangssprachlichen Wörter und Wendungen in standardsprachliche Ausdrucksweise um.
Beispiel: Sie kann aus nichts etwas machen. → *Sie hat so viel Talent, dass sie mit wenigen Mitteln etwas Gefälliges oder Brauchbares machen kann.*

A Ich habe etwas in der Mache.   **C** Mach mal halblang!
B Mit mir kann man es ja machen.   **D** Mach dir nicht in die Hosen!

Treffender Ausdruck

Falscher und nicht zutreffender Ausdruck kann das Verständnis erschweren, Ablehnung hervorrufen, beleidigend sein, Missachtung des Kommunikationspartners ausdrücken.

Verwenden Sie in der **Schriftsprache**

– genaue und korrekte Bezeichnungen,
– zum Inhalt passende Wortwahl,
– höfliche Wendungen,
– standardsprachliche, nicht umgangssprachliche Ausdrucksweisen.

Beispiel:

so bald als (Schriftsprache: **wie**) *möglich*

Wählen Sie den passenden Ausdruck.

○ **1** Ordnen Sie die falsch zugeordneten Adjektive den richtigen
Substantiven zu. Schreiben Sie den Ausdruck in korrekter Form.
Beispiel:

das nebelhafte **Seil** → *das **gespannte** Seil*
ein gespannter **Dampf** → *ein **nebelhafter** Dampf*

A 1) mit leichter Sahne
2) mit auffälligen Blättern
3) mit saurem Druck
4) mit rohen Noppen

B 1) das rosige Verhalten
2) die wertschätzenden Anweisungen
3) das partnerschaftliche Urteil
4) die widersprüchlichen Aussichten

◑ **2** Entscheiden Sie, welcher Ausdruck jeweils nicht in die Reihe passt.

A 1) initiierte – 2) nahm in Angriff – 3) war aggressiv

B 1) legt nieder – 2) deponiert – 3) lagert – 4) disponiert

C 1) sensibel damit umgehen – 2) mit Feingefühl damit umgehen –
3) penibel damit umgehen – 4) empfindsam sein

D 1) intuitiv – 2) gefühlsmäßig – 3) impulsiv – 4) instinktiv

◑ **3** Schreiben Sie die Sätze, in denen ein falsches Wort (fett gedruckt)
benutzt wurde, neu und setzen Sie das richtige Wort ein.

A Manchmal geht er mit seinem Meister um, als wäre dieser sein Sklave.
Er hat einfach keinen **Verstand**.

B Ich kann nicht sehen, wie krumm er diese Teile zusammennäht, er hat
scheinbar noch nie genäht und alles vergessen, was wir gelernt haben.

C Hier stimmt es nicht mit der **Statistik**, sonst würde diese Seite nicht so
nach unten hängen.

D **Anscheinend** blieb er ganz ruhig, aber innerlich sann er schon Rache-
pläne aus.

E Großes **Beileid** hatte er nicht mit ihm, wenn er seine Arbeit nun nicht
rechtzeitig erledigen konnte.

● **4** Ersetzen Sie die unterstrichenen Wörter und Wendungen durch eine
klarere und ansprechendere Ausdrucksweise.
Beispiel:

Schon immer <u>bestanden</u> in der Geschichte Proteste, wenn den Arbei-
tern durch Maschinen, Automaten oder Roboter Arbeitsplätze <u>verloren
waren</u>. → *gab es/weggenommen wurden*

A In den Sechzigerjahren des letzten Jahrhunderts waren fast 50 Prozent
der deutschen Arbeitnehmer in der Industrie <u>in Arbeit</u>, rund 40 Prozent
<u>gingen in den</u> Dienstleistungssektor, etwa 10 Prozent <u>kamen</u> in der
Landwirtschaft <u>zu Brot</u>.

B Heute <u>ist</u> das Verhältnis <u>geändert</u>: Fast drei Viertel aller Arbeitsnehmer
<u>machen etwas</u> im Dienstleistungsbereich, in der Landwirtschaft <u>sind</u>
gerade mal 1,5 Prozent und weniger als ein Viertel in der Industrie.

Wechseln Sie ab in der Wortwahl.

○ **1** **Ersetzen Sie jeweils mindestens eines der unterstrichenen Verben und formulieren Sie den Satz entsprechend.**
Beispiel:
Es <u>sind</u> noch viele Kleinigkeiten von uns zu erledigen, aber dies <u>sind</u> leichte Aufgaben. → *Wir müssen noch viele Kleinigkeiten erledigen, aber diese Aufgaben lassen sich leicht bewerkstelligen.*

A Sie <u>machen</u> die Tapeten an die Wand, aber sie <u>machen</u> auch sonst alles selbst in ihrer Wohnung.

B Wenn das alle so <u>machen</u> würden, könnten Handwerker keine Geschäfte mehr <u>machen</u>.

C Man muss eben Geduld <u>haben</u> beim Abschleifen, sonst <u>hat</u> man nachher nur den Ärger beim Lackieren.

D Im Durchschnitt <u>essen</u> die Deutschen 1200 g Fleisch pro Woche. Laut Empfehlung von Gesundheitsorganisationen sollten sie nur 300 bis 500 g pro Woche <u>essen</u>.

E Fleisch <u>begünstigt</u> rheumatische Erkrankungen. Es <u>begünstigt</u> auch das Auftreten des Herzinfarkts.

> **Abwechslungsreiche Wortwahl**
> Stets gleiche Wortwahl wirkt **eintönig** (monoton) und ermüdet den Kommunikationspartner.
> **Variieren** Sie also in der Wortwahl, sodass Ihre Sprache lebendiger wirkt. Benutzen Sie zur Abwechslung andere Wörter oder Begriffe mit gleicher Bedeutung.

◐ **2** **Vermeiden Sie eine Wiederholung des gleichen Substantivs (unterstrichen), indem Sie ein anderes Wort wählen oder den Satz umschreiben.**
Beispiel:
<u>Messen</u> sind für mich immer etwas Spannendes, denn auf <u>Messen</u> erlebt man immer Interessantes, und <u>Messen</u> finden auch nicht häufig statt. → *Messen sind für mich immer etwas Spannendes, denn sie finden nicht häufig statt und man erlebt immer Interessantes.*

A Wer die <u>Arbeit</u> mit Kunden liebt, wird sich bei dieser <u>Arbeit</u> wohlfühlen, denn die <u>Arbeit</u> besteht darin, den Kunden von der Auftragsvergabe bis zur Auslieferung der Ware auf dem Laufenden zu halten.

B Ich hatte die <u>Gelegenheit</u>, an Bewerbungsverfahren teilzunehmen und bei dieser <u>Gelegenheit</u> Einblick in die entscheidenden Auswahlkriterien zu gewinnen.

C Zudem durfte ich mithelfen bei der Formulierung der <u>Einladungen</u>, musste die <u>Einladungen</u> ausdrucken und machte dann die <u>Einladungen</u> versandfertig.

● **3** **Ersetzen Sie die wiederholt verwendeten Adjektive durch sinnvolle andere Adjektive. Formulieren Sie den Satz – wenn nötig – um.**

A Eine Mahlzeit ohne Fleisch kann auch sehr <u>köstlich</u> schmecken. In vielen Kochbüchern finden sich <u>köstliche</u> Rezepte dazu.

B Es ist <u>fantastisch</u>, welche <u>fantastischen</u> Mahlzeiten man auch ohne Fleisch zubereiten kann.

C Das Gesundheitsministerium plant eine <u>große</u> Aufklärungskampagne. Dabei soll vor dem <u>großen</u> Fleischkonsum gewarnt werden.

Halten Sie sich an das Wesentliche.

○ **1** **Schreiben Sie die Sätze ohne Füllwörter und unnötige Wiederholungen neu.**
Beispiel:
Wir können das morgen besprechen, wenn wir dann morgen Vormittag die Sitzung abhalten. → *Wir können das morgen besprechen, wenn wir am Vormittag die Sitzung abhalten.*

A ⌐ Heute ist einfach die Zeit zu knapp, wir sollten heute noch die Zahlen zusammenstellen.

B ⌐ Ich habe nun schon mal die Materialien herausgelegt, sodass wir nun gleich schon die erste Aufstellung machen können.

C ⌐ Wir können auch einen weiteren Besprechungstermin vereinbaren. Dann könnten wir auch die neu eingegangenen Vorschläge diskutieren. Wir könnten das auch schon diese Woche einrichten.

D ⌐ Ganz vielen herzlichen Dank, Sie haben uns sehr geholfen.

◑ **2** **Schreiben Sie direkt.**
Beispiel: Über eine positive Antwort würde ich mich freuen.
→ *Über eine positive Antwort freue ich mich.*

A ⌐ Ich wäre Ihnen dankbar, wenn Sie mir bald Bescheid geben könnten.

B ⌐ Es würde zunächst genügen, wenn Sie mir den Erhalt der beiden Anhänge bestätigen würden.

C ⌐ Wir würden uns freuen, wenn wir Sie bei der Eröffnung der Ausstellung begrüßen dürften. Wenn Sie uns Ihre Zusage bis 15.04. bestätigen könnten, würden Sie uns die Organisation erleichtern.

D ⌐ Wir könnten Ihnen einen Rabatt von 2% gewähren, wenn Sie sofort bezahlen würden. Andernfalls würden wir den vollen Kaufpreis berechnen.

● **3** **Verknappen Sie die Sätze so, dass die inhaltliche Aussage erhalten bleibt, aber auf den Kern reduziert ist.**
Beispiel:
Wir haben Ihr Schreiben erhalten und uns sehr darüber gefreut. Vielen Dank dafür. → *Vielen Dank für Ihr freundliches Schreiben.*

A ⌐ Die von Ihnen versandte Rechnung Nr. 7351 habe ich schon bezahlt. Sie haben mir diese Rechnung schon einmal geschickt und ich habe das Geld dann überwiesen. Vielleicht ist der Betrag noch nicht auf Ihrem Konto gutgeschrieben gewesen. Aber beglichen ist die Rechnung auf jeden Fall. Das können Sie auch aus der Kopie der Überweisung ersehen, die ich Ihnen in der Anlage beifüge.

B ⌐ In Ihrer Rechnungsaufstellung haben Sie bei den Tapeten zu viel berechnet. Sie haben 7 Rollen wieder zurückgenommen. Zwar haben Sie 15 mitgebracht, aber nur 8 verbraucht. Die restlichen Rollen haben Sie wieder mitgenommen. Nun tauchen sie auf der Rechnung wieder auf. Vielleicht ist das nur ein Versehen. Es sind aber 7 Rollen zu viel.

Einmal gesagt ist gesagt
Überflüssige Wörter können störend wirken.

– Kontrollieren Sie, ob Wörter nicht überflüssig sind, um den Sinn des Satzes zu verstehen.
– Auch Ausdrücke und Wendungen können überflüssig für das Verständnis sein.
– Wählen Sie bei bedeutungsmäßig sehr ähnlichen Wörtern das ausdrucksstärkere.

Beispiel:
Es herrschte eine **schöne, angenehme** Stimmung. → *Es herrschte eine **angenehme** Stimmung.*

Direkt schreiben
Versuchen Sie, direkt zu schreiben. Vermeiden Sie dabei den Konjunktiv, wenn das möglich ist.

Beispiel:
Wenn Sie heute keine anders lautende Nachricht erhalten, **würde** ich Sie heute Abend telefonisch kontaktieren.

→ ... **werde** ich Sie ... kontaktieren.

Fremdwörter und Anglizismen: Verwenden Sie deutsche Wörter, wenn diese bedeutungsgleich und gebräuchlich sind.

○ **1** Ordnen Sie die folgenden Wörter in einer Tabelle nach den aufge-
führten Kriterien (A–D). Zum Teil sind auch Mehrfachzuordnungen
möglich.

Kriterien:	Beispiele:
A Wort im alltäglichen Sprach-gebrauch, wird kaum noch als Fremdwort empfunden, die Ausdrucksweise ist bei der Verständigung kaum ein Problem	– Er ist der <u>Boss</u>, verhält sich uns gegenüber aber partnerschaftlich, macht keinen <u>Stress</u>.
B Wort erleichtert Verständigung unter Leuten mit gleichem oder ähnlichem Wissen, ist aber nicht für jeden verständlich	– Das Programm ist mit diesem Betriebssystem nicht <u>kompatibel</u>[1]. – <u>Scrollen</u>[2] Sie zum gesuchten Begriff. 1) zusammenpassend, vereinbar 2) Darstellung auf dem Bildschirm verschieben
C Modewort, leicht ersetzbar, Gebrauch schafft Distanz zu anderen gesellschaftlichen Gruppen	– Wir werden <u>shoppen</u>[3] gehen. – Das lässt sich nicht mehr <u>toppen</u>[4]. – Er wirkt so <u>relaxed</u>[5]. 3) einkaufen 4) übertreffen 5) entspannt
D Wort im alltäglichen Sprachgebrauch, für die meisten Menschen verständlich, könnte leicht ersetzt werden	– Das ist <u>akkurat</u>[6] zugeschnitten. – <u>Prompt</u>[7] hat er es vergessen. – Das ist ein <u>Highlight</u>[8]. 6) sorgfältig, genau 7) sofort, unverzüglich 8) Glanzpunkt, Höhepunkt

Fremdwörter/Fachwörter/Anglizismen adressatengerecht verwenden

Fremdwörter sind Wörter, die aus einer anderen Sprache übernommen wurden. Sie wurden noch nicht so „eingedeutscht" wie Lehnwörter (z. B. das Lehnwort „Nase"), sodass sie immer noch als „fremd" empfunden werden.
Deshalb sollte man beim Gebrauch von Fremdwörtern, Fachwörtern (teilweise deutsche Wörter, teilweise Fremdwörter oder Wortneubildungen) und Anglizismen (aus dem englischen Sprachgebrauch meist direkt übernommene Wörter) darauf achten, was für den Adressaten verständlich ist.
Entsprechend sollte man den Gebrauch solcher Wörter den Verständnismöglichkeiten des Adressaten anpassen oder die Wörter erklären.
Beispiel:
*Wir **kommunizieren** ständig, teilen also dem anderen etwas mündlich, schriftlich, durch unsere Körperhaltung, unsere Gestik oder Mimik mit.*
(Erklärung des Fremdworts)

1	Alien	10	einloggen	19	Label	28	Piercing
2	ausgepowert	11	Entertainer	20	Interview	29	recyceln
3	Castingshow	12	Fairplay	21	Laser	30	Service
4	checken	13	Flatrate	22	Lover	31	Smartphone
5	chillen	14	Halfpipe	23	Mobbing	32	sponsern
6	Design	15	happy	24	Newsletter	33	Smiley
7	Dip	16	Homebanking	25	Notebook	34	Textmarker
8	Dressing	17	Hooligan	26	overdressed	35	Tattoo
9	downloaden	18	joggen	27	Pay-TV	36	Worldcup

2 Bestimmen Sie, welche Erklärung nicht zu einem der vier genannten Fremdwörter passt.

Fremdwörter	ungeordnete Erklärung
A – Akquise – nivellieren – Marketing – ökologisch	1) ausgleichen, auf eine Ebene bringen 2) die Schonung der Umwelt beachtend 3) traditionsbewusst 4) Ausrichtung auf die Förderung des Absatzes 5) Maßnahme zur Kundengewinnung
B – Emission – global – Diagnose – Kommission	1) Ausschuss 2) Vollmacht 3) weltweit 4) Erkennung, Bestimmung 5) Ausstrahlung, Ausgabe, Ablassen von Gasen usw. in die Luft
C – Analogie – asozial – akribisch – Konjunktur	1) Gemeinschaftsunternehmen 2) wirtschaftliche Gesamtlage 3) gemeinschaftsunfähig 4) höchst genau 5) Gleichheit von Verhältnissen, Übereinstimmung, Entsprechung

3 Erklären Sie die unterstrichenen Begriffe einem Nicht-Fachpublikum. Sie können sich auf die Worterklärungen stützen. Formulieren Sie die Sätze zu diesem Zweck gegebenenfalls um.

Beispiel: Ursprünglich war eine andere <u>Intention</u> damit verbunden.
→ *Ursprünglich war eine andere **Absicht** damit verbunden.*

A Es dauert eine Weile, bis die Neuen in unseren Betrieb <u>integriert</u> sind.
B Man kann das wie ein <u>Puzzle</u> zusammensetzen.
C Wir wenden hier noch ein <u>konventionelles</u> Verfahren an.
D In dieser <u>Position</u> verlangt man von Ihnen ein <u>kompetentes</u> und <u>seriöses</u> Auftreten.
E Diese Jacke können Sie bei feuchtem Wetter gut tragen, sie ist <u>imprägniert</u>.
F Das gibt dem Fahrzeug einen leichten <u>Touch</u> von einem Sportwagen.

Worterklärungen:
– *eingliedern, ergänzen, in ein Ganzes zusammenschließen*
– *Geduldsspiel, passende Zusammensetzung einzelner Teile zu einem Bild*
– *herkömmlich, dem Brauch entsprechend*
– *Stellung, Stelle, Lage*
– *fähig, zuständig, maßgebend, befugt, mit Sachverstand ausgestattet*
– *ernsthaft, würdig, gediegen*
– *mit einem chemischen Schutzmittel gegen Feuchtigkeit durchtränken, feste Stoffe mit einer Flüssigkeit schützen*
– *Berührung, Anstrich, Anflug, Hauch*

Konkretisieren und erläutern Sie abstrakte Aussagen, um das Verständnis zu erhöhen.

1 **Lösen Sie die unterstrichenen Abstrakta in einem ganzen Satz auf.**
Beispiel:
Bei Einhaltung der Sicherheitsvorschriften → *Wenn man die Sicherheitsvorschriften einhält ...*

A Unter Beachtung der gegenwärtigen wirtschaftlichen Situation ...
B Unter uns bestand Einigkeit über das weitere Vorgehen.
C Durch seine Offenheit für neue Ideen ...
D In einigen Punkten besteht noch Klärungsbedarf.

2 **Erläutern Sie jeweils die gemachten Aussagen, sodass sie verständlicher werden.**
Beispiel: Regeln, Konventionen erleichtern das Leben, deren Aufhebung macht es komplizierter.
→ *Wenn es in einer Gesellschaft zum Anstand gehört, dass ein Jüngerer dem Älteren den Platz anbietet, wenn er sieht, dass dieser beispielsweise in einer Straßenbahn stehen muss, dann muss man nicht lange darüber nachdenken, ob der Ältere noch rüstig genug ist, um zu stehen. Man steht einfach auf, ohne die Notwendigkeit abzuwägen.*

A In dieser Gruppe besteht Übereinstimmung darüber, dass Machtunterschiede etwas Schlechtes sind.
B Größere Erfahrung bedeutet nicht, dass man dadurch mehr Geltung einfordern kann.
C Die bloße Feststellung, eine Frau zu sein, soll keine besondere Behandlung der Person erzwingen.

3 **Erläutern Sie das Unterstrichene näher und geben Sie ein oder mehrere Beispiele.**
Beispiel: Der Chef – so wird gefordert – soll seinen Mitarbeitern auf Augenhöhe begegnen. → *Er soll also nicht als Herr gegenüber seinen Untergebenen auftreten, sondern als Partner. So müsste er z. B. seine Mitarbeiterin bitten (nicht sie anweisen), dies oder jenes zu erledigen. Und diese wiederum hätte in diesem Fall die Möglichkeit, um eine Aufschiebung der Aufgabe zu bitten, ohne benachteiligt zu werden.*

A In allen Situationen gilt es, den Blickwinkel des anderen zu beachten und sich in den andern hineinzuversetzen.
B Nur die Bekundung eigener Bedürfnisse kann den anderen wiederum zwingen, nicht nur seine eigene Situation zu sehen, sondern auch die des Gegenübers.

Konkretisieren

Abstrakta sind ein wesentlicher Bestandteil der Hochsprache. Der Inhalt ganzer Sätze kann damit gerafft werden. Das Konkrete oder direkt Sichtbare tritt in den Hintergrund, der Blick richtet sich auf die Gesamtsituation oder andere Zustände.
Beispiel:

die Ziele des Vereins = Personen haben festgelegt, was (in einer bestimmten Zeit) konkret erreicht werden soll und worauf das Handeln ausgerichtet sein soll.
Für den Adressaten wird dadurch das Verständnis erschwert. Will man die Verständigung erhöhen, sollte man abstrakte Ausdrucksweisen mit (möglichst vielen) konkreten Aussagen erläutern oder mit konkreten Beispielen verdeutlichen.

Benutzen Sie das korrekte Relativpronomen und schließen Sie es richtig an.

○ **1** Stellen Sie den Satz so um, dass das Relativpronomen an das Bezugswort direkt angeschlossen ist.

Beispiel:

Wir mussten den Lieferwagen zum Transport der Teppichrollen nehmen, der etwas geräumiger war. → *Für den Transport der Teppichrollen mussten wir* **den Lieferwagen** *nehmen,* **der** *etwas geräumiger war.*

A Schon allein die Verwaltungskosten lassen eine Neuanschaffung rentabel erscheinen, die wir in diesem Fall bezahlen müssen.

B Es ist nicht nur die Zahlungsfähigkeit, sondern auch das Verhalten der Kunden, die sich verändert hat.

C Dieser Staubsauger hat die beste Bewertung beim Öko-Test erhalten, den wir hier ausgestellt haben.

○ **2** Schließen Sie die grammatikalisch falsch angeschlossenen Relativsätze korrekt an.

A Die Regierung reagierte auf die Kritik, an deren sich an der stark gestiegenen Zahl von Biokraftwerken entzündete.

B Die Anbaufläche, die Mais angepflanzt wurde, hat sich vervielfacht.

C Der Anbau verdrängte die Wiesen, deren die Heimat vieler Pflanzen, Vögel und anderer Tiere waren.

D Es ist gut ein Drittel der Ernte, der in die Biogasanlage wandert.

E Jährlich fallen mehrere Millionen Tonnen organischer Abfälle an, der zu Kompost verarbeitet werden.

F Es wird auch an Pflanzen wie dem Kleegras geforscht, die als umweltverträglich gilt.

● **3** Schreiben Sie die Sätze neu, in denen das Relativpronomen falsch gebraucht wird.

A Unser Unternehmen tut alles, das technisch möglich ist, um den Energieverbrauch zu senken.

B Zwar gibt es noch einiges, das in den Kinderschuhen steckt, aber wir sind auf einem guten Weg.

C Es ist das außergewöhnliche Engagement der Mitarbeiter, was uns diesen Erfolg bescherte.

D Und so manches, das bisher nur belächelt wurde, hat sich höchst rasant bis zur Serienreife entwickelt.

E Die Konkurrenz kann da nicht mithalten, was uns noch stolzer macht.

F Der Wille des ganzen Teams zur weiteren Verbesserung ist das Schöne, was uns in unseren Anstrengungen beflügelt.

G Trotzdem wissen wir, dass es so manches gibt, das wir noch nicht gelöst haben.

Das Relativpronomen richtig verwenden

Das Relativpronomen (bezügliche Fürwort) verweist auf ein Satzglied, das in der Regel unmittelbar im Satz davor steht.

Im Deutschen können die Demonstrativpronomen (der, die, das), die Interrogativpronomen (wer, was) und welcher, welche, welches (eher stilistisch vermeiden) Relativpronomen sein.

Das Relativpronomen „**das**" bezieht sich auf ein
– Substantiv oder eine
– Substantivierung im Neutrum.

Das Relativpronomen „**was**" bezieht sich auf
– ein Pronomen im Neutrum (meist ein Indefinitpronomen, z. B. „alles", „einiges") oder
– den Inhalt eines ganzen Satzes.

Beispiele:
– *Wir haben* **das Ergebnis** *erzielt,* **das** *wir anstrebten.*

– *Wir haben* **alles** *erreicht,* **was** *wir uns vorgenommen haben.*

– ***Wir haben termingerecht unseren Auftrag erledigt,*** *was nicht selbstverständlich war.*

Verwenden Sie den Verbalstil, um die Verständlichkeit zu erhöhen.

○ **1** Formulieren Sie so, dass Sie die inhaltliche Bedeutung vom Substantiv auf das Verb verlagern.

Beispiel: In Wegfall kommen → *wegfallen*

A	Zum Entschluss kommen		G	Zur Erkenntnis gelangen
B	In Erfahrung bringen		H	Eine Messung durchführen
C	Unter Beweis stellen		I	Einer Prüfung unterziehen
D	Zur Einigung gelangen		J	Zur Anzeige bringen
E	In Betracht ziehen		K	In Abzug gelangen
F	Zum Halten kommen		L	Zum Abschluss bringen

◐ **2** Wandeln Sie die Ausdrücke zu einem Haupt- oder Nebensatz um.

Beispiel: Unter Bezugnahme auf Ihr Schreiben …
→ ***Wir beziehen uns*** *auf Ihr Schreiben …*

A Unter Beachtung der Regeln …
B Bei Einhaltung der Fristen …
C Bei gesonderter Ausweisung der Mehrwertsteuer …
D Während der Ausführung dieser Arbeiten …
E Beim Berühren der Drähte …
F Nach Abschluss dieser Übungseinheit …
G Zum Zeitpunkt der Einführung des neuen Meldesystems …

● **3** Schreiben Sie die Sätze so um, dass die unterstrichenen Wendungen im Verbalstil verfasst sind.

Beispiel:
Die Handynutzung während der Arbeitszeit stellt ein Verstoßen gegen die Betriebsvereinbarung dar. → *Wer das Handy während der Arbeitszeit nutzt, verstößt gegen die Betriebsvereinbarung.*

A Dieses Verfahren kann auch in anderen Bereichen Anwendung finden.
B Anwesende auf einer Baustelle unterliegen der Pflicht zum Tragen von Schutzhelmen.
C Eine rechtzeitige Rücksendung des Antrags ist erforderlich.
D Nach Eingang Ihres Schreibens werde ich die Weiterleitung veranlassen.
E Die Berechnung der Lieferzeit durch die Maschine führt zu einer Erhöhung der Kundenzufriedenheit.
F Durch die Fähigkeit der Maschine zur flexiblen Produktion ist eine Anfertigung ganz spezifischer Produkte möglich.
G Mit weiteren Investitionen in IT-Systeme ließe sich eine Beschleunigung der Produktion und eine Einsparung von Energie erreichen.
H Eine Senkung der Produktionskosten ist durch die engere Zusammenarbeit mit den Zulieferern möglich.

Der Nominalstil

Von Nominalstil spricht man, wenn Sätze von Substantiven (Nomen) und Substantivierungen geprägt sind und entsprechend weniger Verben und Adjektive verwendet werden.

Man findet diesen Stil in wissenschaftlichen und fachsprachlichen Texten, aber auch in Texten von Behörden und Banken. Er zeichnet sich dadurch aus, dass er die Informationsdichte erhöht, genauer sein kann, den sprachlichen Ausdruck verkürzt.

Verbalstil verwenden

Man sollte nach Möglichkeit den Verbalstil verwenden. Er entspricht eher der gewohnten Ausdrucksweise, wirkt lebendiger, ist leichter verständlich und anschaulicher.

Beispiel:

Eine Erhöhung der Arbeitsleistung führt zu einer Kostenreduktion.

→ *Wenn die Arbeitsleistung erhöht wird, führt dies dazu, dass die Kosten reduziert werden.*

In manchen Fällen gilt der Nominalstil als veraltet und steif.

Beispiel:

Wir bitten um Einreichung …
→ *Bitte senden Sie uns …*

In seltenen Fällen kann die nominale Fügung bewusst verwendet werden und mehr aussagen als das einfache Verb.

Beispiel:

In Erwägung ziehen (= **nominale Fügung**, anstatt: erwägen):
Der Verfasser betont den Ablauf des Vorgangs und hebt die sorgfältige Prüfung hervor.

Wechseln Sie im Satzbau ab, damit Ihr Text lebendiger wirkt.

1 Formulieren Sie die Sätze um, indem Sie mit den fett gedruckten Begriffen beginnen.

A Eine Drohnenkamera liefert **Daten über die Saatgutreihen**.
B Er kann **die Landmaschinen** so steuern, dass sie absolut präzise fahren.
C Die grünen Fruchtreihen verlaufen **fast durchweg** parallel.
D Ein Durcheinander setzt **im letzten Drittel des Feldes** ein.
E Das Signal aus dem All setzte hier **vermutlich** ein paar Sekunden aus.
F Man muss **in diesem Fall** den Autopiloten sofort ausschalten.

2 Notieren Sie den Satz mit jeweils zwei alternativen Satzanfängen.

A Man muss trotzdem aufpassen.
B Man kann sich nicht immer auf die automatische Steuerung verlassen.
C Zeit und Platz lassen sich optimal nutzen.
D Die angehängte Maschine tauscht über eine Schnittstelle mit dem Traktor Daten aus.
E Die Maschinen sind auf Ausnahmesituationen nicht vorbereitet.

3 Ändern Sie in mindestens einem der Sätze die Satzstellung, sodass nicht alle gleich aufgebaut sind.

A Sie fürchtete manchmal, dass das traditionelle Wissen verloren geht. Ein Unternehmen kann aber ohne dieses nicht geführt werden. Menschen, die mit der Natur arbeiten, wissen das.
B Der Arbeitszeitbedarf für diese Tätigkeit lag im vorigen Jahrhundert bei 200 Arbeitsstunden. Der Einsatz von Maschinen verringerte den Bedarf auf die Hälfte der Zeit. Moderne Maschinen kommen bei dieser Arbeit heute mit vier Stunden aus.

4 Formulieren Sie die Sätze neu. Stellen Sie sie so um, dass das Verständnis erleichtert wird und Bezüge klar sind.

A Es stellt sich die Frage, was mit den Saisonarbeitern, die bisher die Erdbeeren pflücken, passiert, wenn es Maschinen gibt, die ähnlich sehen und tasten können wie Menschen, wenn diese überflüssig werden.
B Jede Innovation in der Landwirtschaft wird mit viel Skepsis, da über Jahre hinweg übermäßig gedüngt und gespritzt wurde, betrachtet, und auch die Tierhaltung teilweise unwürdig war, sodass sich der Landwirt immer in einer Verteidigungsposition befindet.
C Manchmal wird er von Radfahrern, Hundehaltern oder Joggern, die die Feldwege bevorzugt wählen, da sie sich dort ungestört fühlen, beschimpft, wenn er mit seinem Traktor und breiten Gefährt auf dem Weg, der eigentlich für ihn und seine Arbeit bestimmt ist, fährt.

Im Satzbau abwechseln

Stets gleicher Satzbau kann ermüdend wirken, falls er nicht als bewusstes Stilmittel eingesetzt wird.

Wechseln Sie also im Satzbau ab, indem Sie nicht immer nur die Grundstruktur anwenden: Subjekt – Prädikat – Objekt.

Beginnen Sie einen Satz auch einmal **mit**
– einem Objekt,

Beispiel:
Den Rest der Arbeit verschob er auf morgen.

– einem Adverb/einer adverbialen Bestimmung,

Beispiele:
Noch am selben Tag baute er alles zusammen.
Völlig erschöpft verrichtete er die letzten Feinarbeiten.

– einem Verb,

Beispiel:
Gewonnen hatte er bis dahin noch nichts.

– einem Adjektiv.

Beispiel:
Stolz war er trotzdem.

Satzgefüge einfach konstruieren

Konstruieren Sie ein Gefüge aus Haupt- und Nebensätzen so, dass das Verständnis erleichtert wird, indem Sie inhaltliche Aussagen möglichst im jeweiligen Satz abschließen.

Beispiel:

Sie befindet sich eigentlich, wenn man nur ihre finanzielle Situation betrachtet, in einer günstigen, verglichen mit Frauen in einer ähnlichen Situation, Lage.

→ *Sie befindet sich eigentlich in einer günstigen Lage, wenn man nur ihre finanzielle Situation betrachtet und diese mit Frauen in einer ähnlichen Situation vergleicht.*

Beachten Sie die richtigen grammatischen Formen und benutzen Sie schriftsprachliche Ausdrucksweisen.

○ **1** **Schreiben Sie die präpositionalen Ausdrücke korrekt, in denen der Kasus falsch gebraucht wird.**

A Trotz der starken Konkurrenz hatten wir während dem ganzen Jahr immer genug Aufträge.

B Wegen dem Gedränge am Verkaufsstand waren statt einem intensiven Beratungsgespräch nur kurze Auskünfte möglich.

C Aufgrund dieser Erfahrungen, aber auch aufgrund dem Sinn dieser Aktion wird eine andere Organisation nötig sein.

D Statt dem teuren Spiegel geben Sie lieber etwas mehr für die Fliesen aus.

○ **2** **Formulieren Sie die Sätze so um, dass jeder Satz mit einer einleitenden Konjunktion zunächst zu Ende geführt wird.**

A Das ist kein Scherz mehr, weil wenn du das tust, machst du dich strafbar.

B Du denkst, dass wenn das nicht deine Absicht war, du auch nicht schuld bist.

C Obwohl wenn man das von der anderen Seite betrachtet, kannst du durchaus richtig liegen.

D Es ist meist so, dass wenn du an diesem Punkt sparst, du an anderer Stelle wieder zu viel Geld ausgibst.

E „Der Klügere gibt nach", weil wenn du so weitermachst, kostet dich das nicht nur Nerven, sondern auch Geld.

○ **3** **Benutzen Sie zum Ausdruck des Genitivattributs den Genitiv.**

A Das war der Anfang von dem Unternehmen.

B Die Produktion von den kopflosen Nägeln entpuppte sich als wahre Marktlücke.

C Heute machen diese Nägel nur noch einen winzigen Teil von unserer Produktpalette aus.

D Dem Firmenchef sein Selbstbewusstsein ist bemerkenswert.

E Den Mitarbeitern ihr Potenzial wird bei uns sehr stark genutzt.

F Das ist letztendlich das Erfolgsrezept von einem Betrieb von dieser Größe.

Den richtigen Kasus nach Präpositionen wählen

Auch wenn in der Umgangssprache häufig der Dativ verwendet wird, wählen Sie in der Schriftsprache den Genitiv nach folgenden Präpositionen: *aufgrund, statt, trotz, während, wegen.*

Beispiel:
während dem Urlaub → *während des Urlaubs*

Zwei direkt aufeinanderfolgende Konjunktionen vermeiden

Auch wenn in der Umgangssprache manchmal zwei Konjunktionen hintereinander verwendet werden, führen Sie in der Schriftsprache zuerst einen Satz zu Ende und schließen Sie dann den nächsten an.

Beispiel:
Er glaubt, dass wenn er nicht auf den Fehler hinweist, ihn auch keiner bemerkt.
→ *Er glaubt, dass keiner den Fehler bemerkt, wenn er nicht darauf hinweist.*

Genitivattribut mit „von" vermeiden

Vermeiden Sie es, das Genitivattribut umgangssprachlich mit „von" oder dem Dativ (+ Possessivpronomen) zu umschreiben.

Beispiele:
der Arbeitsplatz **von meinem Kollegen**
dem Kollegen **sein** Arbeitsplatz
→ *der Arbeitsplatz meines Kollegen*

Grammatische Begriffe mit Beispielen

Fachbegriff	Erklärung	Beispiel
Adjektiv	Eigenschaftswort	*modern, kreativ, ehrgeizig*
Adverb	Umstandswort	*immer, gern, leider*
adverbiale Bestimmung · des Grundes · des Ortes · der Zeit · der Art und Weise	Umstandsbestimmung	· *Wegen der Prüfung* ist er nervös. · Sie kommt erst spät *nach Hause*. · *Nächstes Jahr* macht sie die Meisterprüfung. · Das ist *unter diesen Umständen* nicht machbar.
Akkusativ	4. Fall (Frage: wen oder was?)	*den Mitarbeiter, die Kollegin, das Projekt*
Akkusativobjekt	Satzglied im 4. Fall (Frage: wen oder was?)	· Sie vereinbart *einen Termin*. · Er verlässt *den Betrieb*.
Aktiv	eine Handlungsrichtung des Verbs; Gegensatz: Passiv	Sie *untersuchen* alle Rohstoffe genau.
Apposition	Zusatz, Beisatz	Karl, *eigentlich ein zuverlässiger Kollege*, hat den Termin vergessen.
Artikel · bestimmter · unbestimmter	Geschlechtswort, Begleiter	· *die* Untersuchung, *der* Anhang, *das* Schaubild · *eine* Untersuchung, *ein* Anhang, *ein* Schaubild
Attribut	Beifügung zu Subjekten, Objekten oder adverbialen Bestimmungen	ein *unternehmungslustiger* Geschäftsführer
Dativ	3. Fall (Frage: wem?)	*dem Mitarbeiter, der Kollegin, dem Projekt*
Dativobjekt	Satzglied im 3. Fall (Frage: wem?)	Das gehört *einem Ausbilder*.
Deklination (deklinieren)	Beugung, Anpassung eines Wortes in Genus, Numerus und Kasus	*das große Muster,* *des großen Musters,* *dem großen Muster,* *das große Muster*
Demonstrativpronomen	hinweisendes Fürwort	*dieser* Computer, *jene* Tastatur
Femininum	grammatisches Geschlecht: weiblich	*die* Macht, *die* Klugheit
Flexion (flektieren)	Oberbegriff zu ↑ Deklination und ↑ Konjugation	———————
Futur I Futur II	Zukunft vollendete Zukunft	· Ich *werde* mich *bemühen*. · Bis dahin *werde* ich alles *erledigt haben*.
Genitiv	2. Fall (Frage: wessen?)	*des Mitarbeiters, der Kollegin, des Projekts*
Genitivobjekt	Satzglied im 2. Fall (Frage: wessen?)	Die Lehrerin erbarmte sich *meiner*.
Gliedsatz	Nebensatz, der ein Satzglied ersetzt	*Wer fleißig arbeitete*, bekam eine Prämie.
Hauptsatz	selbstständiger Satz	*Sie macht den Führerschein.*

Hauptwort	Nomen, Substantiv	*die Scheibe, der Handwerker, das Muster*
Hilfsverb	Teil einer zusammengesetzten Verbform zur Bildung von manchen Zeitformen	*haben, sein, werden*
Imperativ	Befehlsform	*Sei still! Kommt bald! Nehmen Sie! Machen wir!*
Indefinitpronomen	unbestimmtes Fürwort	*irgendwas, man, niemand*
Indikativ	Modus des Verbs, Wirklichkeitsform	*Er repariert Autos.*
indirekter Fragesatz	abhängiger Fragesatz	*Er weiß nicht, ob er die Erlaubnis erhält.*
Infinitiv	Grundform des Verbs	*erstellen, tippen*
Interjektion	Ausrufe- und Empfindungswort	*Äh, wow, peng, o weh*
Konjugation (konjugieren)	Beugung des Verbs	*ihr schneidet, du nähtest*
Konjunktion	Bindewort	*ob, aber, weil, denn, und*
Konjunktiv · Konjunktiv I · Konjunktiv II	Möglichkeitsform	· *Er fragte, ob er zufrieden sei.* · *Ich wäre damit zufrieden.*
Maskulinum	grammatisches Geschlecht: männlich	*der Meister*
Modalverb	Verb, das ausdrückt, dass etwas möglich, notwendig, erlaubt, gewollt oder erlaubt ist	*dürfen, können, mögen, wissen, sollen, wollen*
Nebensatz	untergeordneter Teilsatz an der Stelle eines Satzgliedes oder Attributs	*Als sie das Labor verließ, arbeitete ihr Kollege noch an dem Versuch, den sie am Morgen begonnen hatten.*
Neutrum	grammatisches Geschlecht: sächlich	*das Vermögen, das Schema*
Nomen	Hauptwort, Substantiv	*die Scheibe, der Handwerker, das Muster*
Nominativ	1. Fall (Frage: wer oder was?)	*der Mitarbeiter, die Kollegin, das Projekt*
Objekt	Ergänzung zum Prädikat; Satzglied	*Wir lackierten die Karosserie.*
Parataxe	↑ Satzreihe	———————
Partikel	unveränderbares Wort	*doch, ja, gar, bloß*
Partizip I (Präsens) Partizip II (Perfekt)	Mittelwort der Gegenwart Mittelwort der Vergangenheit	· *klopfend* · *geschlossen, verkauft*
Passiv	Leideform, eine Handlungsrichtung des Verbs; Gegensatz: Aktiv	· *Ihr wird geholfen.* · *Das alte Sofa wurde neu gepolstert.*
Perfekt	Tempus: vollendete Gegenwart	*Der Chef hat angerufen.*
Personalpronomen	persönliches Fürwort	*ich, du, er/sie/es, wir, ihr, sie*
Plural	Mehrzahl	*die Nachrichten*
Plusquamperfekt	Tempus: vollendete Vergangenheit	*Ich hatte schon unterschrieben.*
Possessivpronomen	besitzanzeigendes Fürwort	*sein, ihre, unser*
Prädikat	Satzaussage	· *Sie räumt den Schreibtisch auf.* · *Er bestellte die Ware.*
Präposition	Verhältniswort	*aus, für, in, ohne*
Präfix	Vorsilbe	*annehmen, erreichen, entscheiden*
Präsens	Tempus: Gegenwart	*Sie jobben in den Ferien.*

Präteritum	Tempus: Vergangenheit	*Wir gingen in den Urlaub.*
Pronomen	Fürwort	*ich, welche, dieses*
Relativpronomen	bezügliches Fürwort	· *der, die, das* · *welcher, welche, welches* · *wer, was*
Relativsatz	Nebensatz, der durch ein Relativpronomen eingeleitet wird	· *Das sind schöne Aufnahmen, die du gemacht hast.* · *Wer wagt, gewinnt.*
Satzgefüge	Hypotaxe, zusammengesetzter Satz mit mindestens einem Haupt- und Nebensatz	*Da die Einnahmen zurückgingen, wurde überall gespart.*
Satzglied	Bausteine eines Satzes: einzelnes Wort, Wortgruppe oder Gliedsatz	*Sie/ überprüft/ die eingehenden Rechnungen.*
Satzreihe	Parataxe, Form des zusammengesetzten Satzes, in dem Hauptsätze nebengeordnet sind	*Der Produzent bekam viele Aufträge, neue Arbeiter wurden eingestellt.*
Singular	Einzahl	*das Büro*
Steigerung	Komparation	*mehr, am meisten*
Subjekt	Satzgegenstand	· *Das Gebäude ist renoviert.* · *Sie machen jetzt eine Pause.*
Substantiv	Hauptwort, Nomen	*die Scheibe, der Handwerker, das Muster*
Suffix	Nachsilbe	*farblos, essbar, zerbrechlich*
Superlativ	höchste Steigerungsstufe	*am höchsten, der häufigste Fehler*
Verb	Tätigkeitswort, Zeitwort	*konstruieren, steigerte, hat geschliffen*